障碍のある
子どものための教育と保育
④

図で学ぶ
障碍のある子どものための
「文字・数」学習

菅原伸康／渡邉照美
［著］

ミネルヴァ書房

は じ め に

　本著は，『障碍のある子どものための教育と保育 ②　写真でみる障碍のある子どものための課題学習と教材教具』（ミネルヴァ書房，2012年）の続編です。

　私のたくさんの教え子たちは，小学校や特別支援学校の教師となり，そこで出会う障碍のある子どもたちに真摯に向き合い支援・指導を行っています。

　その中で，ここ数年，文字や数の概念を「どのように教えたらよいのか？」の問題に直面しているケースが多々みられるようになってきました。

　私は，障碍のある子どもの支援・指導に当たる場合，目の前にいる障碍のある子どもをありのままに受け入れるということがスタートであると考えています。つまり，目の前にいる障碍のある子どもをありのままに受け入れるということは，教師が，子どもを目標に照らして良いか悪いかを問題にするのではなく，その子どもを肯定的・共感的にとらえるということです。

　教師は，子どもの行動を見て，子どもが言ったことを聴いて，子どもを理解しようとします。この時にどのような立場で見て，聴いて，理解しようとするかが大切なことになります。子どもを支援・指導する教師として理想とする子どもということに照らして見てはいないでしょうか。学校生活や授業，係わり合いで子どもを見る時に，理想とする子ども像を目の前に立てて，それに照らして一人一人の子どもを見てはいないでしょうか。

　教師が工夫し準備した教材や学習活動に，背を向けているようにみえる子どもがいます。このようなとき，教師が何かをさせようという考えを捨てて，子どもと何もしないでただ一緒にいると，平和な雰囲気がただよっていることを感じることがあります。教師が考えるのとは違ったその子どもなりの自己実現の仕方があるのではないでしょうか。

　よく考えてみると私たちも同じではないでしょうか。たとえば，教師は，立場的にそうなるのかもしれませんが，子どもが「何もしないこと」や「空想にふけること」，「目的をもたない役に立たない活動」をすることなどには，その価値を否定する傾向があります。一方，子どもが「努力を惜しまないこと」や「充実したようにみえる活動」をすることなどには，その価値を認め肯定しようとします。しかしよく考えてみると誰でも，その両方の世界をもっているのではないでしょうか。

教師であれば，本質的な意味で，目の前にいる子どもをありのままにとらえ，子どもと一緒に授業・活動を創るということを考えていかなければなりません。私は，子どもというのは，本来，学ぼうとし，分かろうとし，自ら追求し，学ぶ意欲と自分を自分で創っていく力をもっている主体的な学習者と考えています。決して，教師と子どもの関係は，「教える―教えられる」というだけの関係ではありません。

　このことを前提に，本書では，前書の「発達初期の学習」，「概念行動形成の基礎学習」を土台として，記号操作の基礎学習を積みあげることで，文字を形として理解することが可能な支援・指導を記しています。障碍のある子どもたちのための真摯な支援・指導に，目の前にいる子どもに合わせて援用し，活用していただきたいと思います。

　本書では，「障碍」という語を用いています。「碍」という語には，さまたげになる石という意味があり，さまたげになる石を目から取り除けば障碍はなくなるという考え方の元，私は使用しています。ただ，第 3 章は，学習指導要領の内容が中心であるため，「害」という語を用いています。

　　2018年 4 月 1 日

　　　　　　　　　　　　　　　　　　　　　　　　　　　　菅原伸康
　　　　　　　　　　　　　　　　　　　　　　　　　　　　渡邉照美

目 次

はじめに

第1章　記号操作の基礎学習とは

1 記号操作の基礎学習 ……………………………………………………… 2

2 文字の基礎学習 …………………………………………………………… 4

（1）文字（単語）と実物・実物模型・写真・絵の結合の学習…6

（2）音韻・音節の分解・抽出の学習…7

（3）50音表の学習…9

（4）文の構成学習…11

3 数の基礎学習 ……………………………………………………………… 12

（1）数系列の学習…14

（2）数える学習…15

（3）五・二進法…16

（4）たし算とひき算…18

第2章　障碍のある子どもの教育は信頼から

1 信頼が前提 ………………………………………………………………… 22

2 子ども観 …………………………………………………………………… 24

（1）人は生まれながらにして学ぼう・分かろうとする存在である…25

（2）教師が変わることなしに子どもを変えることはできない…27

（3）子どもの良いところをみつけ係わり合いを始める…30

第3章　知的に障碍のある子どもの心理・生理・病理

1 知的に障碍のある子どもの定義と生理・病理的類型 …………………… 40

（1）発生時期による分類…40

（2）病因による分類…40

（3）知的に障碍のある子どもの心理的問題…43

iii

2 脳の役割と働き ……………………………………………………………… 48

（1）右脳と左脳の役割と働き…48

（2）大脳・小脳・脳幹の役割と働き…49

（3）前頭前野背側部，角回，紡錘状回，海馬の役割と働き…50

（4）他の部位の役割と働き1…51

（5）他の部位の役割と働き2…53

第4章　知的障碍者・重複障碍者の教育課程

1　特別支援学校新学習指導要領改訂と教育課程 ……………………………… 56

2　知的障碍における各教科の目標及び内容の示し方の改訂 ……………… 58

第5章　文字の学習

課題1：絵カードと実物・実物模型の見本合わせの学習 ………………… 70

課題2：写真カードと実物・実物模型の見本合わせの学習 ……………… 72

課題3：絵カードと文字（単語）カードの見本合わせの学習 …………… 74

課題4：写真カードと文字（単語）カードの見本合わせの学習 ………… 76

課題5：文字（単語）つき絵カードと文字（単語）カードの
見本合わせの学習 ……………………………………………………… 78

課題6：文字（単語）つき写真カードと文字（単語）カードの
見本合わせの学習 ……………………………………………………… 80

課題7：文字（単語）カードと文字（単語）カードの見本合わせの学習 … 82

課題8：音節（単語）の分解の学習 ………………………………………… 84

課題9：音節（単語）の構成の学習 ………………………………………… 86

課題10：50音表の学習 ………………………………………………………… 88

課題11：動詞と文の学習 ……………………………………………………… 90

第6章　数の学習

課題1：3までの数の系列化の学習 ………………………………………… 96

課題2：数の系列化の学習（5の系列） …………………………………… 98

課題3：数の系列化の学習（10の系列） ………………………………… 101

課題 4 ：属性の学習 ……………………………………………………………… 104

課題 5 ： 5 の数の見本合わせの学習 ……………………………………… 106

課題 6 ：10の数の見本合わせの学習 ……………………………………… 108

課題 7 ：数える学習 …………………………………………………………… 110

課題 8 ： 5 までの順序数と集合数の学習 ………………………………… 112

課題 9 ：10までの順序数と集合数の学習 ………………………………… 114

課題10： 5 の数の分解・合成の学習 ……………………………………… 118

課題11：10の数の分解・合成の学習 ……………………………………… 124

課題12： 5 の単位の学習 …………………………………………………… 130

課題13：10の単位の学習 …………………………………………………… 133

課題14：一桁のたし算の学習 ……………………………………………… 135

課題15：一桁のひき算の学習 ……………………………………………… 140

第 7 章：学習支援原則の抽出：実践事例

1 問題と目的 ……………………………………………………………… 146

2 研究の方法 ……………………………………………………………… 149

3 結　　果 ………………………………………………………………… 149

4 総合考察 ………………………………………………………………… 158

5 終わりに ………………………………………………………………… 161

おわりに

参考文献

資料 1 　絵カード

資料 2 　写真カード

資料 3 　プリント

第1章

記号操作の基礎学習とは

1 記号操作の基礎学習

　記号操作の基礎学習は，文字・数を記号として操作することを目指した学習です。
文字を組み合わせて単語を作ったり，文を作ったりするのが文字の記号操作の学習
です。また，数を数えたり，計算したりするのが数の記号操作の学習です。

　記号操作という言葉は，教育現場でも聞き慣れない言葉だと思います。具体的に
は，ある要素または単位があってそれを並べたり，組み替えたり，繰り上がりや繰
り下がりなど，変換したりすることによって，単語や文章を構成したり，計算した
りすることを言います。

　文字の学習は，目や手の使い方を高める発達初期の学習の段階から位置や形の学
習，基礎的な概念について学習する概念行動形成の基礎学習の段階を経て，文字を
記号として操作するための記号操作の基礎的な学習の段階へと進んでいきます。
文字の学習は，以下の三つの段階に分類できます。

　　第一段階：発達初期の学習（目や手の使い方の学習）

　　第二段階：概念行動形成の基礎学習

　　　① 位置の学習

　　　② 形の学習

　　　③ 書字のための学習

　　　④ 概念の学習

　　第三段階：記号操作の基礎学習

　　　① 文字と実物または写真カード・絵カードとの結合の学習

　　　② 音節の分解・抽出の学習

　　　③ 50音表による単語の構成学習

　　　④ 文の構成の学習

　このように記号操作の基礎学習は，目や手の使い方の学習や位置や方向，順序の
学習を基礎として，文字や数を記号として使用することを学ぶための学習です。こ

の一連の学習をもとに，単語の構成，文の構成やたし算・ひき算，かけ算・わり算など，記号操作の学習へと進めます。

2 文字の基礎学習

　文字指導の基礎は，形を構成することです。形を構成することは，点や線の刺激の空間的な位置づけや，時間的な順序づけから始まります。それぞれの点や線の刺激が位置づけられ，方向づけられ，順序づけられ，そして，目や手の運動によって文字としての形が操作的に形作られるまでのプロセスとなります。

　知的に障碍のある子どもの中には，特定の刺激に固定的に反応する子どもがいます。直接見たり触ったりして確実に把握した事物を，実感することが困難なことがあります。そのため，子どもたちが生活空間において実感できるものは，私たちが想っている以上に制限され，その上，実体験そのものが少ない場合が多いので，実感された刺激が，孤立しやすくなります。つまり，刺激と刺激を関係づけて理解することが困難で，仮に体験を重ねても，それぞれが，まとまりがなく，断片的なものになりがちです。その結果，自分が体験したことを生活に意味あるものとしてうまく位置づけることができません。係わり手は，子どもたちが自分のものにしている数少ない体験を，よく整理して関係づけ，有効に使えるように支援・指導しなければなりません。

　そのためには，掌や指を中心とする触覚や触運動感覚と目の運動の調整・統合をはかる学習が必要となります。つまり，目と手の運動がコントロールされ，見ることが上手になることが学習のスタートとなります。

　目や手の運動を，滑らかで，子ども自身が納得のいく運動に調整しながら，点や線を空間に位置づける学習をし，それが手がかりとなって視覚や聴覚，触覚，運動感覚などが互いに協応し合い，自発に基づいたまとまりのある学習経験を積

第1章　記号操作の基礎学習とは

み重ねることが必要になるのです。

　知的に障碍のある子どもたちにとっての文字学習は，障碍の特性などから概念行動形成の基礎に困難なことがあるため，文字をいきなり教えることが難しい場合が多々みられます。そのため，初期の段階では，その文字のもつ見た目から象徴される記号性を考える必要があります。

　たとえば，「あ」という形と「ア」という音を結びつける感覚的な一致点は何もありません。縦線や横線，曲線など約束された線分や点が，特定の位置や方向，順序をもった形として一定の平面上で組み立てられ，その結果できた「あ」という文字が，大きくても小さくても，位置や形が多少崩れても，「ア」という音声をもった文字として，他の文字と分類され，構成されるのです。このように，文字は，異なる外観からそのもののもつ意味や特性が抽出された「記号」として機能しているものなのです。

　したがって，まだ○△□の形を弁別したり，さまざまな形に分割されたピースを組み立てて○△□の形を構成したり，△を書いたりすることの難しい子どもに対し，「あ」という形を示して，「これは何と読みますか？」という質問をしても，その子どもにとっては，何を学習しているのか分からないのです。

　そこで，記号操作を支えている目や手の使い方の学習や概念行動形成の基礎学習を組織化したり，あるいは，実態把握を行い発達初期の行動がどの程度身についているかなどを把握したりしてから，初期の記号操作の基礎学習を組み立てていくことが大切です。ここのところを丁寧に行うことで延長線上に文字の獲得がみえてくるのです。

　この学習の詳細は，「障碍のある子どものための教育と保育②障碍のある子どものための課題学習と教材教具」を参照してください。

5

（1）文字（単語）と実物・実物模型・写真・絵の結合の学習

　文字の記号操作の学習では，文字を組み合わせたり，並べ替えたりして単語を作り，その単語をまた組み合わせたり，並べ替えたりして文を作ります。文字を操作し単語を作る，単語を操作して文を作るということです。さらに文字や単語を操作し，できたものを読むことで，言葉を使用する能力を高めていきます。

　その第一歩は，単語と実物や実物模型，写真カード，絵カードとの結合学習です。文字を学習するといっても，係わり手が子どもに，50音を一文字ずつ教えて一向に成果がみられないことが多く見受けられます。つまり，その文字が何を意味しているのか理解がなければ，その学習は意味をもちません。したがって，単語と実物や実物模型，写真カード，絵カードとの結合学習は，単語や文を学習するときに，最初に行わなければならない学習になります。

図1

　単語と実物や実物模型，写真カード，絵カードを結びつける学習（図1）は，基本的には，① 単語と実物・実物模型，② 単語と写真カード，③ 単語と絵カードの順で学習を進めます（詳細は，第5章を参考にしてください）。子どもによっては，②，③を先に進めたほうがよい場合もあります。

　最初は子どもの好きなキャラクターや身近にあるものを素材に学習を進め，進度により，日常生活で使用するものや動物，玩具などとカテゴリー別に学習を進めていきます。

（２）音韻・音節の分解・抽出の学習

　私たちは，日本語の音声について，音韻・音節の分解・抽出と言ったりします。音韻の分解・抽出の学習は，たとえば，図２のような「みかん」という単語は，発音に合わせて文字が書かれていないチップを置く課題です。一つ一つの音声（「み」，「か」，「ん」）に合わせて一つずつ文字が書かれていないチップを置くことができれば，音韻の分解ができたということになります。そして，文字が書かれていないチップを置いた後，係わり手が三番目のチップを指して，「これは何でしたか。」と尋ね，子どもが「ん。」と答えることができれば，音韻の抽出ができたということになります。

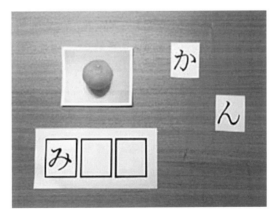

図２

また，音節の分解・抽出の学習は，文字と音節に重点を置く課題です。音節文字とは，「1字が1音を表す表音文字，日本語の仮名など」のことです。平仮名は音節文字です。図2のように「みかん」の写真カードを見て，文字チップから一つ文字を選び，一対一対応できたときに音節の分解ができたということになります。また，「みかん」という単語を作った後に，係わり手が，「か」の文字チップを裏返します。係わり手が，この裏返した文字チップを指さして，子どもに「これは何ですか。」と尋ねます。子どもが「か。」と答えれば正解です。これが音節の抽出学習ということになります。

（3）50音表の学習

　50音表は，日本語特有のもので，文字が5を単位として配列されています（図3）。「あいうえお」の行は，文字が5個あります。位置で言えば，「あ」が一番上で，「う」が真ん中で，「お」が一番下になります。順序では，「あ」が最初で，「お」が最後です。

　このように，50音表は5を単位とした位置や順序で構成されています。

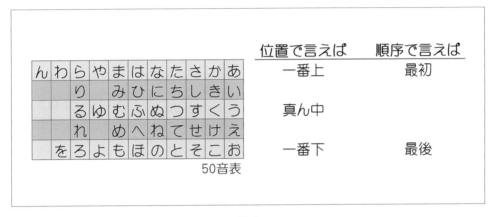

図3

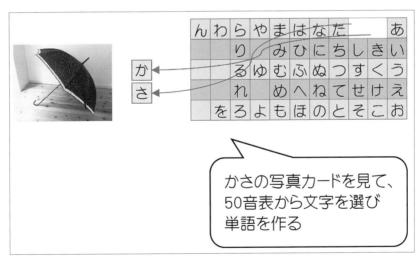

図4

50音表の一番上の列の文字は，「あかさたなはまやらわ」になります。50音表の10行の最初の文字になります。50音表では，一番上の文字の下に，「あ」行であれば，「い，う，え，お」，「か」行であれば，「き，く，け，こ」など，それぞれの行の文字が並んでいます。つまり，子どもに50音表が縦と横の組み合わせでできていることを理解させることが大切なのです。

　50音表の学習が進めば，50音表から文字を選んで単語を作る学習へと支援・指導を進めていきます。この学習のねらいは，50音表の中の文字を選ぶことによって，ものの名前を示す単語や行動を表す単語を作ることができるということを理解することです。

　ただ，いきなり50音表から文字を選び，ものの名前を示す単語を作る（図4）ことは難しいということは言うまでもありません。「ものには名前がある」ということを，日常生活の中で概念を教えていくということも必要なことになります。

　たとえば，子どもと散歩をしていて，子どもが，道端に咲いている花を指さした時に，係わり手が，「お花だね。」と言葉を返すことで，ものには名前があるということを理解します。一方でこのような経験をたくさん積ませることで，音声言語との対応学習も必要になります。それによって，子どもは文字言語をもとに音声言語を音節に分解することが理解できるようになります。一つ一つ音節に注意を向けることによって，言葉も明瞭になってきます。また，文字言語を通して，すでに習得した音声言語を自発的に分解・抽出することによって，一字読みから字を読んで，その意味を読みとることができるようになっていきます。

（4）文の構成学習

　文の学習の一つに，子どもが提示文や説明文を読み，それに対応した行動をする学習があります。

　たとえば，係わり手が，「みかんを2こ，はこにいれます」という文を提示したとします。子どもは，この文を読んで，みかん2こを箱に入れたら正解となります。

　最初は，「いれる」などの1語文から始め，主語や目的語を加え，さらに形容詞や助数詞などを加えた文へと学習を進めていきます。

　この学習は，係わり手が文という形態で子どもに伝え，それを受けとった子どもが，それに対応した行動をする学習になります。さらにこの学習は，係わり手の話を聞いたり，係わり手からの指示を理解し行動したり，つまり，日常生活の中で必要とされている行動を形成することにもつながります。

　一方，文を作る学習は，たとえば，係わり手が，みかん2こを箱に入れます。子どもは，その係わり手の行動を見て，適切な文字カードを選び，並べて文を完成させます。平仮名を書くことができる子どもは，行動に応じた文を書くようにさせます。つまり，この学習は，実際の状況を係わり手や友だちなどに説明する学習になります。相手の言うことを理解し，自分が考えていることを相手に伝えることもできるようになります。

3　数の基礎学習

　係わり手は，数や計算を教えるために，タイルや棒など具体物を使います。子どもが理解しやすいように数を量的関係に置き換えて指導することが考えられます。
　たとえば，子どもによって，タイルを使用した方が学びやすい子どももいれば，棒を使用した方が集中して学ぶことができる子どももいます。係わり手は，子どもの今の状態像を十分理解した上で，タイルか棒かを選択する必要があります。

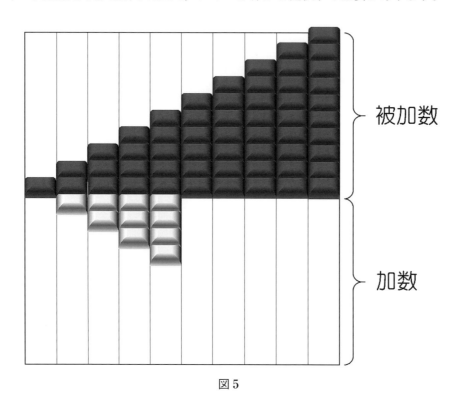

図5

　また子どもによっては，タイルや棒を使用するよりも日常生活に結びついた実物を使用したほうが興味関心がわき，学習がしやすい場合もあります。しかし実物は，タイルや棒のように数の大きさや仕組みを量的な関係として教えることが難しい場合があります。そのようなとき，子どもが興味関心を示すように子どもが好きなキャラクターの写真を貼ったりすることで，子どもの学習への意欲を引き出すことも

考えられます。

　たとえば，3＋2を考えてみます。図5の上の10の数の系列が被加数のタイルで，下の5の数の系列が加数のタイルです。被加数の3のタイルに加数の2のタイルを合わせ，タイルを上に動かし計算します。被加数のタイルと加数のタイルの高さが，5のタイルの高さと同じになり，それが答えとなります。このように子どもは，タイルの操作を通してたし算の仕組みを理解することができます。

　数の初期の学習では，「タイル⇔数字⇔数詞」を結びつけて数をとらえていくことが大切です。さらに子どもは，「数式⇔タイル操作」を結びつけて学習していきます。

　知的に障碍のある子どもは，一般的に抽象的思考が困難であると言われているので，数の学習は難しいと言われています。その原因の一つに，具体的操作をイメージして数の記号へと結びつけることが難しいということが言われています。解決するためには，具体的な操作を通して数の大きさや仕組みを理解させるための学習の内容や方法が必要になります。

（1）数系列の学習

　記号操作の基礎学習に入る前に、1から10までの数系列が作れるようになっていることが前提条件の一つになります。図6のように数系列は、横軸が序数を表し、縦軸は序数の数字の上のタイルが集合数を表すようになっています。1から5のタイルは赤色で、6～10のタイルは、5つの白色のタイルと赤色のタイルでできています。たとえば、7は5（白いタイル）と2（赤いタイル）、8は5（白いタイル）と3（赤いタイル）というように視覚的にタイルの数を理解しやすくなっています。

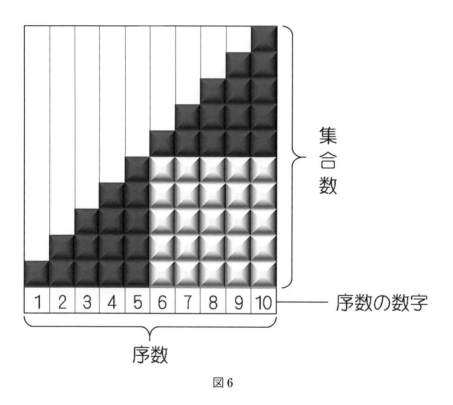

図6

　数の系列で言えば、1～5は、1が左端、3が真ん中、5が右端、6～10は、6が左端、8が真ん中、10が右端というように数の系列を作ることができます。さらに、6（左端）と8（真ん中）の間の数が7、8（真ん中）と10（右端）の間の数が9というように理解することもできます。

（2）数える学習

　数える学習とは数唱と指を動かしたり目で追ったりする「一対一」対応のことを言います。子どもによっては，同じ数字を二度数えたり，数字を抜かして数えたりします。このような場合，図7のような教材で，一つずつ球を動かしながら数えると間違いも少なくなります。また，タイルを並べながら数を数えるやり方もあります。操作をしながら数を数えるところにポイントがあります。

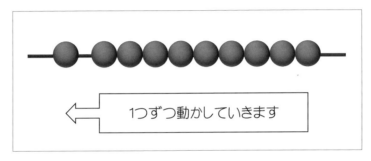

図7

　数を数えるとき，唱えた数詞が数えられたものの多さを表すということを理解させることも必要です。図8のような型枠を作り，そこに数を数えながらバラタイルを一枚ずつはめ込んでいくことで学習を進めることができます。

図8

（3）五・二進法

　算用数字は，1〜10，11〜20，21〜30などと十進法（図9）で成り立っています。しかし，私のこれまでの臨床経験から，障碍のある子どもは，この十進法よりも五・二進法の方が，数を理解しやすいと考えられます。五・二進法は，6〜10までの数を5とそれ以外の数に分けて数を理解する方法です。5を基準とし，「6は5と1」，「7は5と2」，「8は5と3」というように考えます。

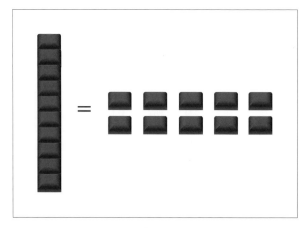

図9

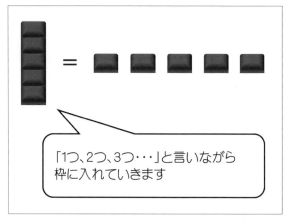

図10

たとえば、4 + 4の計算を間違える子どもには、加数である4を分解し、被加数に加え、基準である5を作らせ、5 + 3と指導することになります。あくまでも5を基準とするのです。

　もう一つ学習しなければならないことは、タイル5つのかたまり（図10）とタイル5つが同じであるという等価変換を教えることです。図10のように枠に、「1枚、2枚…5枚」と言いながら入れ、5のかたまりを作ります。このかたまりとタイル5枚とが同じ数であるということを理解させます。

（4）たし算とひき算

　たし算の指導で大切なことは，「何と何をたしたのか」が子どもに分かることです。つまり操作をしながら目で見て分かるように指導するということです。

　たとえば，図11のような場合を考えてみます。3＋2ですから，左のかごにはみかんが3個，真ん中のかごにはみかんが2個のっています。

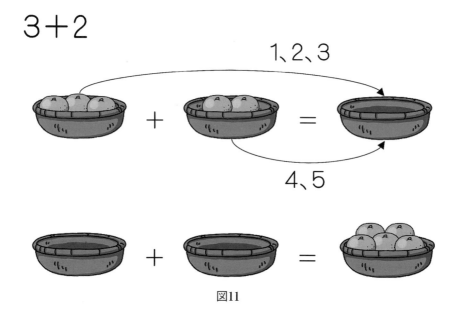

図11

　右側のかごに，みかん3個を数えながら，続いてみかん2個を数えながら移動させます。答えは5となります。しかし，ここで問題となるのが，たした段階で，たす前のみかんが消えてしまうことです。何と何をたしたのかが分からなくなる子どもがいます。ですから，具体物を使って3と2をたした時に，何と何をたしたかが消えずに残っていて，前の状態に戻せることがたし算の指導には大切なことになります。

　たとえば，図12は，タイルを並べて計算する方法です。計算するときには，被加数のタイルの位置に加数のタイルを移動させて，同じ長さのタイルが答えになります。操作をしながら目で見て分かるということがポイントとなります。

図12

　ひき算は，たし算と逆の操作となります。被減数のタイルの方に減数のタイルを移動させ，同じ長さのタイルが答えとなります。

第 2 章

障碍のある子どもの教育は信頼から

1 信頼が前提

　障碍のある子どもの教育は，人間と人間との間で行われる営みであり，信頼を前提として，そこから出発するということを教師は常に心に留めておかなければなりません。

　しかし，教師になると目の前の子どもをありのままに受け入れるのではなく，「疑って，問題の所在を明らか」にして，そこに支援・指導を行おうとします。しかし，教育実践としての障碍のある子どもの教育は，疑いからではなく，あくまで信頼から始まるものです。

　人間は，自分だけを頼りにして，自分で生きることは難しい存在です。それを心の中で支えてくれるのが，自分を理解し，信じてくれる人の存在ではないでしょうか。信じてくれる人は，大勢である必要はなく，一人でもいれば十分です。その存在が，学校生活であれば教師なのではないでしょうか。教師が子どもを信頼しているかいないかということは，その子どもの成長にとって重要なことです。信頼することは，容易なことではないと思いますが，そう思おうという努力を積み重ねていくうちに，やがて本物になっていくこともあります。

　たとえば，特別支援学校などで，子どもが教師の指示がないのに勝手に行動するとマイナスに評価されるという状況の中にいれば，そして，その年数が長ければ長いほど，子どもたちは，学習とは「教わるもの」であり，「させられるもの」であるという学習観をもち，学ぶことの喜びを感ずるどころか学習を忍耐と結びつけてイメージするようにもなってしまいます。

　教師が，どのような子ども観をもつかによって，子どもとの係わり合いは異なります。教師が，子どもを受動的な学習者とみれば，教師が子どもに次々に教え，指示し，命令し，あるいは誘導し，子どもは，教師の言うとおりにすることが求められます。

このようにすることは，子どもを一層，受動的にすることにもなります。一方，子どもを能動的な学習者とみれば，教師は，「待つこと」を基本として，その子どもが元々もっている意欲や能力を大切にして，それを生かし発展させる支援・指導をするようになります。そのことによって子どもは一層，能動的な存在になるのではないでしょうか。

2 子ども観

　学習指導要領の改訂が進んでいる中，授業（学習）の主体は子どもであるということが一層強調されるようになってきています。その場合，主体が子どもであり教師はその支援者になります。これまでも子どもが主体となった授業を目指した教育実践やそのようなことを研究テーマに掲げた特別支援学校は莫大な数にのぼると思われます。しかし，そのような教育実践が根づかず，研究授業のときだけになっていることが多かった背景には，「子ども観」の転換ができていなかったからではないでしょうか。

　筆者は，以下の3点を，障碍のある子どもの子ども観として考えています。

　　●人は生まれながらにして学ぼう・分かろうとする存在である
　　●教師が変わることなしに子どもを変えることはできない
　　●子どもの良いところをみつけ係わり合いを始める

（1）人は生まれながらにして学ぼう・分かろうとする存在である

　教師生活を何年も重ねていくと，教師は，子どもが自分で判断し，行動する前に，「これをしてはいけません。」，「あれをしなさい。」と，あれこれと指示する言葉がけが多くなってくる傾向にあると思います。確かに教師の言うとおりに行動すれば，うまくいく確率は高いかもしれません。しかし，そのようなことが繰り返されると，障碍のある子どもは，教師や親の指示を待って行動するという行動パターンができてしまいます。

　このように教師の指示・命令する言葉がけが多くなるのは，多分に，「子どもは教えなければ学ばない」，「子どもは言わなければやらない」という思いがあるからではないでしょうか。

　私は，仕事柄たくさんの支援学校や支援学級を訪問します。その中で，子どもが主体となった教育や係わり合いを展開し続けている学校や教師を観てきました。それらの学校や教師は，子どもを受動的な存在として見，係わり合うのではなく，能動的な存在として認めているのです。このように子どもを能動的な存在として認めて係わり合いをもつことは，何十年も前から言われていることでもあります。しかしながら，教師は，理屈上理解していても，形は子どもが主体になっているようでありながら教師主体の授業や係わり合いがもたれ続けているのです。

　子どもは，元々何かを知ろうとし，分かろうとし，できるようになろうとする存在です。つまり，学ぼうとする存在なのです。しかし，教師が子どもを受動的な存在としてしまっていては，子どもの学ぶ意欲は，年々弱くなってくるように思います。その弱さは，人間の発達特性によるものではなく，教師の姿勢によるものが大きく影響しているのです。

　たとえば，障碍の重い子どもの場合，教師が，子どもからのサインに気づかなかったり，子どもからのサインを待てなかったりすることで，子どもは，サインを出さなくなることが考えられます。また，サインを出すときが分からない場合もあります。子どもの成長を保障し，促すはずの教師が，子どもがせっかくもっている能力をだめにしていることがあります。

　つまり，教師がサインを出しにくい状況に子どもをおいてしまったり，せっかちにもサインの出る前に子どもに教え込んだり，指示・命令を出してしまうために，教師はそれに気づかずに，子どもを受動的な存在としてみるという悪循環を繰り返

すことになるのです。

　障碍の重い子どもも自分を取り巻く「ひと」,「もの」,「こと」に係わろうとし,それらの中に自分の気が向いたものがあれば分かろうとし,学ぼうとし,成長していく存在ではないでしょうか。

　乳幼児期の子どものさまざまな感覚器官や手,足,口などを使った探索活動を考えてみると,理解できることではないでしょうか。このことは障碍の有無に関係なく生来もっているものです。このように本来は能動的な学習者であった子どもが,乳幼児期の家庭環境や学校教育によって,だんだん受動的な子どもにさせられてしまっているのではないでしょうか。

　教師は,子どもにとって大事だと思い強引にやらせたり,ある意味ごまかして誘導するのではなく,元々自ら学んで伸びようとしている存在であるとおさえ,子どもが本当に自らその価値を感じたり,認識したりできるように支援・指導することが必要なのではないでしょうか。

（2）教師が変わることなしに子どもを変えることはできない

「子どもあっての教育」ということは，以前からもよく言われていることであり，当然のことです。この場合の子どもは，「○○くん」，「△△さん」という特定の子どものことです。

ところが実際には，どのような障碍のある子どもであるかが分かる前から，その子どもの学習内容が決まっていることがあります。学習内容のみならず，その子どもが使う教材や学習する場所，時間に至るまで，ことごとくあらかじめ決まっているのです。つまり，教師がその子どもになすべきことが，子どもに出会う前から決まっているのです。

教師は，当為から始まってそれをどうやって子どもに理解してもらい，身につけ，行動するのかを考えようとします。このことはまさに「はじめに教育内容ありき」で，子どもの事実もそのあるべきところから見下ろすことになります。ですから「あれもできない」，「これもできない」と，子どもを否定的にみることにつながってしまいます。

本来子どもの教育内容は，目の前にいる子どもが，「今何を考えているのか」，「今何を感じているのか」，「今何に困っているのか」などの事実を出発点として，絶えずそこへ立ち返らなくてはいけませんし，進むべき方向もそこから考えなくてはいけません。つまり「はじめに子どもありき」でなければならないのです。

障碍のある子どもと係わり合いをもつ教師は，子どもの側に立って，子どもの今の状態を拡充し，発展させていくための支援・指導をすることになるのです。支援・指導するにあたって，「ああでなければならない」，「こうならなければならない」，「こうでなければならない」という当為や「こうあるはずだ」といった思い込みから脱して，目の前にいる子どもの事実をありのままに受け入れ，そこから子どもの成長を考えていくことが大切なことなのです。

梅津八三*は，「係わり手―子ども」間の障碍の考え方を，「障碍状況にある

人（A）に対して，『どのように係わり合いをもてばよいか』と悩む人（B）もまた，障碍状況にあるということが言える。障碍状況にある人（A）は，『どのように係わり合いをもてばよいか』と悩む人（B）に，支援を受けて，障碍状況から立ち直ることができる。この時，『どのように係わり合いをもてばよいか』と悩む人（B）もまた，障碍状況にある人（A）に導かれるように，『新たな係わり合い』を見出すことによって，障碍状況から立ち直ることができる。つまり，障碍状況にある人（A）と『どのように係わり合いをもてばよいか』と悩む人（B）は，相互に助け合うことにより，『新たな係わり合い』を獲得することができる。」（原文を要約）と説明しています。

　さらに私なりに要約すると，たとえば先生が，知的に障碍のある子どもに，たし算を教えるとします。しかし，子どもはたし算ができません。先生は，「この子は障碍があるからできなくても仕方ない」と考えるときもあると思います。一方子どもは，「どうして先生は，分かるように教えてくれないの？」と思っているかもしれません。このとき，その子どもに見合った方法をみつけられないでいる先生自身が障碍をもっていると考えることもできます。この二者間の障碍状況を克服するには，先生が子どもに見合った方法を見つけることができれば，「障碍」はなくなると考えられます。

　子どもと係わり合いをもつということは，自分との関係の中で原因を見つけていかないと，変化というものは見出せないということではないでしょうか。

　「はじめに子どもありき」で，目の前にいる子どもの事実から出発し，それに寄り添って学習を進めていくと，子どもが教師を信頼し，自分の思っていることを素直に表現するようになります。子どもが，教師の腹の内を探ったり，教師の顔色をうかがったりなど，教師の期待することに子どもが合わせてしまうことは最悪なことです。

　障碍のある子どもの教育という行為は，知っている教師が，知らない子どもに何

かを教える行為ではないのです。教師（教える人）が，変わっていくことが前提になってはじめて成り立つ行為なのではないでしょうか。

（3）子どもの良いところをみつけ係わり合いを始める

　障碍のある子どもに係わる教師の専門性とはいったいどのようなものでしょうか？

　専門性の高い教師とは，子どもを自分の意図する方向にコントロールできると思っていないでしょうか？　教師自身，子どもを自分の思うとおりに動かしたくなります。そのために指示や命令が多くなり，さらには賞や罰を伴わせ，それらに従うことを徹底させようとします。

　しかし，障碍のある子どもの可能性は，私たちが考えているものより，はるかに大きいものではないでしょうか？　教師は目の前の子どもよりも十年，二十年人生経験があるからと言って，教師のもつ枠組みの中に固定してしまっては，本末転倒になってしまいます。

　障碍のある子どもと係わり合いをもつ教師の専門性とは，当たり前のことですが，目の前にいる一人一人の子どもがその持てる力を十分に発揮して，自らの力で成長していけるような支援・指導をすることではないでしょうか？　改めて特別支援教育の基本に立ち返ることではないでしょうか？

　たとえば，教師がある種の問題に直面したとき，

　　・どこか他所からある種の技法や療法，指導法を借りてきて，目の前の問題に
　　　適用すること。
　　・文献を読んだり，同僚や先輩に相談したりしながら，解決策を自分で創り出
　　　すこと。

が考えられます。

　私たちは，一般的に前者を安易に求めがちです。ある意味，教師の指導技術のレパートリーは増えると考えられますが，その教師自身には何ら変容はありません。一方，後者においては，問題を見つめ，解決策を考えている過程で，その教師自身は成長しているのです。教師が変わっただけで子どもが変わるということは，多くの人たちの教育的経験によって否定できない事実があります。したがって，教師にとっても，子どもにとっても，教師がある種の問題に正対し，それを自分の問題として真剣に考え，悩む過程こそ重要なのです。

　障碍のある子どもの支援・指導は，係わり合いをもつ以上，目の前にいる子どもをよく理解しなければいけないことは言うまでもないことです。

たとえば，大学の講義で学生たちに，「いま私たちはある意味介護する側にいます。しかし，人間というのは，最後は必ず介護される側になります。」という話をします。自分がされて嫌だと思う支援・指導は，目の前にいる子どもにするべきではないと考えるからです。

　また介護士に，「おじいちゃん，おむつかえるよ。」と言われ，おむつ交換をされるとします。私は換えるとも換えないとも返事をしていないのに（意思を確認されていないのに），ズボンをおろされおむつ交換を当たり前のようにされてしまいます。このことは係わる人の文脈に従わせることでもあるのです。

　ここでは子どもの事実を理解する方法として，「外から理解するということ」と「内から理解するということ」の2側面から「教師の着眼」について述べていくこととします。

① 外から理解するということ

　ここで言う「外から理解するということ」とは，子どもの具体的な行動やしぐさ，表情，ことばなどの事実について，さまざまなテストや検査などを行ったり観察したりすることによって子どもを理解することです。
　これまでこの方法のための評価用具が数多く開発され，盛んに行なわれてきました。こうした用具を使うことによって，より客観的に目の前にいる子どもの事実をとらえようとしてきました。しかし，このような方法を使うにあたっては，その方法のもつ問題点を認識し，できるだけ良い条件下で実施する必要があります。いくつかの問題点はありますが，ここでは「教師－子ども」の人間関係についての問題点を述べることにします。
　障碍のある子どもに，ある種のテストをして，その子どものありのままの姿を理解することができるでしょうか。数ある検査の中でもかなりよくできていると言われている知能検査でさえ，検査者と検査される子どもとの人間関係によって結果が微妙に変わると言われています。本来，検査はそうであってはいけないのですが現実にはそうならざるを得ないのです。障碍のある子どもの場合，特に障碍が重くなればなるほど，結果が測定困難となることが多くあります。このことは，その子どもとのより深い係わり合いを具体的に考えていく局面では，測定困難という結果からの情報はほとんど貢献しないと思われます。
　私はこれまでの臨床経験から，子どもが少しでも普段の実力や自分の思いを教師に出せるようにならなければならないと考えています。それには，ある種のテストという形式によるのではなく，子どもが教師に自分の思っていることを素直に言えるような関係作りが重要になってくるのではないでしょうか。関係作りはすぐにできることではありません。毎日の授業の過程や休み時間などの中で，係

わり合いを通して作られていくものです。子どもが教師の顔色をうかがうのではなくて，素直に自分の考えていることを言えるような関係は，毎日の学校生活の中で，教師が子どもの言うことを真剣に聞き，大事にし，生かそうとする係わり合いをもつことによって築かれていくのではないかと思います。

　子どもが自分の考えやもっている能力を素直に出せないのは，教師が，「子どもがそうしないから」，「障碍があるから」，「障碍が重いから」などと子どものせいにするのではなく，教師である自分が，その子どもとどのような係わり合いをしてきたかをよく考えなくてはいけません。教師が子どもに，ある種の尺度をあてがって，そこから指導目標を導き出すというのは，教師の省エネ・合理化・真摯な係わり合いの放棄につながるのではないでしょうか。

② 内から理解するということ

　ここで言う「内から理解するということ」とは，その人になったつもりで，その人と同じ立場に立ってその気持ちを理解することです。
　この理解は，共感的理解とも言えます。表面的には同じようであっても，なぜそのように思ったのか，そのように行動した理由や事情，さらに，そのことをした時の気持ちは，人によって違うため，内からの理解が必要になるのではないでしょうか。
　人の気持ちは，必ずしもそれと分かるように表面に現れるわけではありません。理解する側が，何らかの読みとりをしなければなりません。しかしそれは，その人の言動やその人を取り巻く全体状況や活動文脈などの諸条件について，さまざまな事実を総合的に考え，その人の置かれている立場をより正確にとらえることが内から理解するには必要なことです。
　内からの理解は，決まりきった方法があるわけではありません。その時々の係わり合いの中で，その人と同じ立場に立って精一杯その気持ちに近づこうとするしかありません。しかし，人の心の中のことでありますので，誰でも他人に立ち入られたくないときもあります。特に自分が教師であり，相手が障碍のある子どもであると，そのことを忘れがちになる場合があります。教師だからといって，関係性もできていないときに土足で子どもの心の中に踏み込んでいくのではなく，十分な時間をかけて信頼関係を構築していくことが必要になってきます。
　教師は，子どもが「やろうとする行動」や「やっている行動」の意図や意味が読み取れないとき，とりあえず「きっとこういう意味だろう」と解釈して子どもにある事柄を提案することが大切なことではないでしょうか。
　間違える可能性があるかもしれませんが，全体状況や活動文脈を考えてあえて解釈します。解釈することをやめて「解釈できないから何もしない」ことと「たとえ間違ったとしても，解釈して子どもに何かを働きかけてみ

る」こととは、どちらが現実的で生産的なことでしょうか。

教師が「意味の分からないこと」や「解釈できないこと」に無視をしたり、距離をおいてしまうと、子どもの意見を無視したり、否定したりすることにもなってしまいます。

教師がどれだけ努力しても、あくまでその子どもの気持ちに近づくということであって、それになりきれるものではありません。あくまで、子どもの立場に立って理解しようとすることが大切なことなのです。

また、授業においても教師は、子どもの飲み込みが悪かったとすると、「何でこんなことが分からないのか」、「障碍が重いから分からないのだろう」などと、その原因を子どもの側に押し付けてしまうことが多くみられます。教師は、同じ内容について経験の積み重ねによって熟達し、さらにはその特定の知識や技術をより大きな知識や技術の体系の中で位置づけることができるようになっているので、当該の学習内容については当たり前のことと思っているかもしれません。

それでは教師自身、子どもの頃はじめてそれを学んだときにすでに当たり前のこととして理解できたのでしょうか。そうではないと思うのです。そこから新たに学ぶ立場にある子どもの心の状態を、かつては自分もその立場にいながら、すっかり忘れてしまっているのが常です。その時のことを思い出し、子どもの理解状況や気持ちに近づいて、先を急ぎ過ぎないで、「待つ」ということが必要なことではないでしょうか。子どもの非を責めることからは、適切な支援・指導は生まれないでしょう。

教師は子どもに、どうあるべきかを振りかざす前に、目の前にいる子どもの話をよく聴き、その子どもの心に共感する

ことが大切ではないでしょうか。そのことによって，教師はその子どもにふさわしい支援・指導が導き出されてくるとともに，子どもが自分で問題を解決することになるのです。

③ 子どもの優れたところに目を留めるということ

　教師が，目の前にいる子どもの事実を見つめて，その子どもを理解しようとする時，その事実のどこに目を向けたらよいのでしょうか。それによって分かったことに基づいて，子どもにどのような係わり合い方をすればよいのでしょうか。

　教師が子どもと係わり合いをもつときに，子どもの至らない点やできないところ，さまざまな問題点などに目がつきやすいものです。つまり教育を，その人のできないところをできるようにして，間違いを改めさせることであり，何よりも問題点や欠点，誤りを明らかにすべきであると考えてしまうのではないでしょうか。本質的な意味での障碍のある子どもの教育は，長い目でみて，その子どもがより良く生きていくように，その子どもの生き方を変え，その子どもの行動を生み出す根本的なところにプラスの影響を与えるようにすることが重要なのではないでしょうか。つまりその子どもの優れたところや良いところ，ちょっと頑張ればできそうなところに目を留めて，支援・指導することではないでしょうか。

　教育現場をみてみると，教師は，目の前にいる子どもの欠点や問題点を見つけ出し，それらを次々に指摘して改めさせるという支援・指導が行われています。教師は，教育的にみて望ましいという判断からそうしているのでしょうか。実際には，子どもの欠点や問題点，至らない点というのは，努力しなくともすぐに分かるためにそうしているのではないでしょうか。教師のように子どもを支援・指導するという立場に立つと，子どものアラが目につきやすくなるものです。しかも目についたことをすぐに指摘し，支援・指導しようとします。それに対して優れた点というのは，改めてその気になって捜さないとなかなか分からないものです。例え分かったとしてもそれは当然のこととして，子どもはあえて知らされないことにもなります。

　子どもは，優れた点に目を留められ，認められるとどういうことになるでしょうか。良いと認められ，励まされた点が伸びていくだけではなく，その行動およびそれと同じような行動が継続され，さらには向上しようとする積極性が出てきます。そして，一種の副次的効果として，やがては欠点をも自分で克服していこうとする行動がみられるようになり，その子どもの生き方までもが変わってくるのです。

　図13のように，子どもの優れたところや良いところ，ちょっと頑張ればできそうなところをみつけるということは非常に難しいことです。教師を長年していると，現実の子どもをみているようで，その先にいる理想の子どもをみてしまっているこ

とがあります。この場合，目の前の子どもの今の姿をみていないことになります。子どものできそうなことをみつけていくことは，どう係わったらよいのかを見出すことであり，その子どもの活動文脈を読むということでもあります。できなければ教師は，自分の活動文脈でみていることになります。

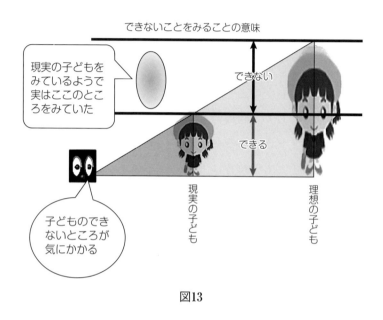

図13

子どもにできないことをさせようとすると，子どもからすると常に苦手なことを強いられる状況に置かれることになります。私たちが同じような状況に置かれたら毎日の生活が楽しくないのではないでしょうか。それは障碍のある子どもも同じなはずです。

注
＊梅津八三　岩手県花巻市生まれ。1952年盲聾教育研究会を設立，東京大教養学部助教授，教授，1955年東京大文学部心理学教授。1961年「盲ろう二重障害者の言語行動形成についての心理学的研究」で文学博士。1967年定年退官，関西大学教授，1971年国際基督教大学教授，1977年重複障害教育研究所理事長，勲三等旭日中綬章受章，1981年日本学士院会員。実験心理学を応用した障害者教育法を確立，山梨県立盲学校などで実践した。

第 3 章

知的に障碍のある子どもの心理・生理・病理

1 知的に障碍のある子どもの定義と生理・病理的類型

「知的障碍」は，1999年度から制度的用語になりました。従来は「精神薄弱」または「精神遅滞」といわれていました。

「精神薄弱」は医学的定義，「精神遅滞」は心理社会的定義といわれていました。すなわち「精神薄弱」は，脳の器質的傷害または病理的な原因をもつ恒久的な精神発達の遅滞を意味していました。一方，「精神遅滞」は，子どもの現在の状態像に重点が置かれ，子どもの発達を考慮に入れたより包括的な概念であるとされていました。

(1) 発生時期による分類

・内因性——個体発生以前に知的障碍の原因があります。
・外因性——個体発生後に知的障碍の原因があります。

(2) 病因による分類

① 生理型

生理的要因とは，正常な知能分布による，低水準への偏位群に属する人と考えられているものです。正規分布曲線において，平均をIQ100とすると，それより2標準偏差分だけ下方に偏位したIQ70以下を知的障碍とすれば，人口の約3％がそれに相当することになります。これは，病的とはいえない遺伝子の組み合わせでできたもので，たまたま知能が低い方に偏ったものと考えることもできます。つまり，病的ではないので，「生理群」といわれています。この群では，知的障碍の程度は軽い人が多く，ある

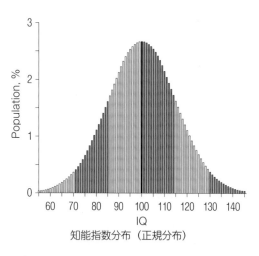

知能指数分布（正規分布）

種の行動異常を示すものも，脳の器質的障碍を伴うものはほとんどなく，医療の対象となることもほとんどありません。

　これらの子どもたちの多くは，普通学級か特別支援学級に在籍する場合が多くみられます。普通学級に在籍している場合は，通常の授業についていけない場合があるので，補習を含め，個別指導を行うことも考えなくてはいけません。また，特別支援学級に在籍する場合も，将来的に社会で自立していくことを考え，普通学級の学習課程に準じた指導を行うことが大切です。

② 病 理 型

　病的遺伝子によるものとして先天性代謝異常があげられます。その一つであるフェニルケトン尿症は，重い知的障碍，けいれん，脳波異常があり，やがて分裂病様性格の出現などの中枢神経症状やメラニン色素欠乏症状，湿疹などの皮膚症状がみられます。多くは，重度の知的障碍となり，知的障碍特別支援学校の重度クラスに在籍する場合が多くみられます。「遊びの指導」や「自立活動」を通して，感覚や生理的リズムを確立することなどに教育の重点が置かれることが多くみられます。

　小頭症は，遺伝，染色体異常，子宮内感染，胎内放射線被ばく，母胎の糖尿病など，何らかの要因で，脳の発育不全が起こり，身体の発育に比べて頭囲の発育が不均衡に小さいものを言います。知的障碍や運動まひ，てんかん発作などがみられます。知的障碍特別支援学校や肢体不自由特別支援学校の重度クラスに在籍することが多くみられます。「遊びの指導」や「自立活動」を中心に，生理的リズムや感覚，抗重力姿勢をとること，立位・歩行の獲得を目指し，子ども一人一人の状態に応じて個別に教育課程を作らなければなりません。

　染色体異常の代表的な症例としては，ダウン症候群が挙げられます。この多くは21トリソミー症候群です。症状として，特徴的な顔貌はよく知られていますが，一般的に，全身や四肢の発育が遅れます。手足の指も短く，四肢の筋肉の緊張低下と腱の弛緩も特徴的です。諸関節は柔らかいのですが，足腰がしっかりせず，初歩が遅れることがあります。諸臓器の奇形も多く，第二次性徴もはっきりしていません。比較的軽度の知的障碍の子どもが多いので，普通学級や特別支援学級で教育を受けている場合が多くみられます。穏やかな性格で人なつこく，人まねが上手でひょうきんであるため，クラスの人気者になることも珍しくありません。しかし，相手の様子を考えずに人と係わろうとすることがあり，人間関係については教師が留意することが大切です。また，普通学級に在籍している場合，授業についていけないこ

とが考えられますので、個別に基礎学力についての補習が必要になる場合があります。知的障碍の状態が比較的重い場合には、知的障碍特別支援学校に在籍することになりますが、そこで、教師が工夫することにより、活躍し、力を伸ばせる機会を作ることを考えなくてはいけません。

　性染色体の異常の例としては2つあるX染色体が1つしかなかったり崩れていたりした場合、ターナー症候群という障碍が起こります。

　胎生期の異常としては、様々な疾患や奇形が考えられます。中でも多いのが、水頭症と二分脊椎です。この2つは、現在では、適切な治療によって健常者と変わらぬ寿命を保つことができるようになっています。

　水頭症は、脳脊髄液が何らかの原因で排出口を失い、その結果、脳実質が破壊され、筋肉まひや視力低下、けいれんなどを引き起こします。外科的に排出路を作り、脳脊髄液が一定量を保つようにすることで状態を改善し症状の進行を抑えることができます。

　二分脊髄は、椎骨の椎弓部分が完全でなく、頸部や腰部で脊髄がはみ出し、下肢、膀胱、直腸などにまひ症状が現れます。

　出産時においても、早産などで低体重児となり知的障碍が起こる場合や、骨盤位や臍帯巻絡によって脳が無酸素状態になって障碍が起こる場合、鉗子分娩などで物理的に脳が傷つけられ、知的障碍が発生する場合などがあります。

　出生後も感染症や化学物質などによる中毒などで脳にダメージを受け、知的障碍が残るケースもあります。

③ 心理・社会性型
　心理的・社会的要因による知的障碍は、養育・教育環境の不備不適が知的障碍の原因になるということです。

　この理解は、生理的・病理的要因で起こった生物学的な知的障碍が心理・社会的要因（不適切な療育や教育も含みます）によって、さらに相乗的に影響を受けると理解することが適当であると考えられます。

　子どもの成育歴や家庭環境を把握することで、今の療育・教育に活かすという

ことが大切なことです。たとえば，保護者が育児放棄をしていたなど，育児に適さない形で育った場合は，教師との信頼関係を構築する上で，時間がかかることも考えられます。子どもの最善の利益を考慮して支援・指導していかなければならないのです。

（3）知的に障碍のある子どもの心理的問題

① 一般的な性格行動特性
　◆人の指示に従うことが多い
　◆恐怖心や心配をもちやすい
　◆興奮しやすい
　◆融通がきかない
　◆物事にこだわる
　◆人のいいなりになりやすい
　◆我慢強さに欠ける
　◆幼稚な行動がみられる
　◆人の注意を引こうとする
　◆すぐに泣く
　◆自分の世界に閉じこもる
　◆不満を抑えて我慢することができにくい
　◆自己の能力を正しく評価することができない……など。

　このように一般的な性格行動特徴は，マイナス面が述べられることが多いのですが，知的に障碍のある子どもがもともともっているもの（一次的特徴）だけでなく，環境の力（教師の支援・指導も含みます）によって，後天的に作られたもの（二次的原因による二次的特徴）や，もともともっていたものが環境の力によって強められたと考えることが大切です。つまり，教師の支援・指導により，子どもは良くも悪くも，ある意味「成長」するのです。

② 一般的な認知的特性
◆**言葉の発達の遅れ**
　知的に障碍のある子どもは，言葉の発達が遅れることがみられます。話し出すこ

とが遅れ，発音も不明瞭なことが多いです。そして，知っている言葉がとても少なかったり，言葉と言葉をうまくつなげることが難しかったりします。言葉を覚えるのにとても時間がかかることもあります。

このように言葉の発達が遅れている場合でも，子どもは，口にできる言葉しか分からないわけではありません。自分が使う言葉は少しでも，相手の言っていることは理解していることが多くあります。子どもの頭の中にある言葉と子どもが使う言葉の数は一緒ではありません。もちろん，分からない言葉や言い方もあります。

◆物事を理解するのに時間がかかる

知的に障碍のある子どもは，物事を理解するのに時間がかかります。

・「3と1を足すと4になる」ことを，「3＋1＝4」と表すこと
・時計の秒針が1周すると1分で，長い針が1周すると1時間だということ
・1円玉10枚と10円玉1枚が同じ金額になるということ
・○△□は，形が違うということ
・赤，青，緑は，色がちがうということ

こういったことだけでなく，色々なことを理解するのに，個人差はありますが，たくさん時間がかかります。

◆身につけるまでに時間がかがる

知的に障碍のある子どもは，一つのことを身につけることに時間がかかります。

・服を一人で着ること
・服をたたむこと
・字を書いたり読んだりする勉強に関すること

などの面で，何かを身につけるまでに時間がかかります。

◆初めてのことや変化が苦手

　知的に障碍のある子どもは，物事を理解したり，身につけたりすることに時間がかかります。しかし，何回も繰り返し支援・指導を受けることで，物事を理解し，身につけていくことができます。一度身につけたことはしっかりとできるようになります。

　しかし，あることができるようになったからといって，似ていることが同じようにできるとは限りません。

　デジタル時計は読めても，アナログ時計は読めないという具合です。また，いつも乗っているバスの色が塗り変えられてしまっていると，違うバスだと思って乗らないなど，少しの変化に合わせて行動することが難しいのです。

◆記憶する量が少ない

　知的に障碍のある子どもは，一度に記憶する量が少ないと言われています。一度に色々なことをすると，そのうちの一部しか耳に残らないこともあります。また，記憶していられる時間も短いことが多いです。約束をしたのに，すぐに忘れてしまうなど，その子どもが，記憶できる量や記憶できる時間が少なかったり短かったりします。

◆集中が長続きしない

　知的に障碍のある子どもが，物事を理解したり，何かを身につけたりするのに時間がかかる理由は，集中していられる時間が短いということが考えられます。集中すること自体が難しい子どももいます。また，あきっぽい性格だからという理由ではなく，長続きしないことが原因の子どももいます。

◆自分で判断することが苦手

　知的に障碍のある子どもは，その場に応じてどうするかを決めることが苦手です。教師が，子どもに，「好きなことをしていいよ。」と言われると，何をしていいのか決められないことがあります。

また，いつも通っている通学路に，大きな犬がいて，怖くてその道が通れないときに，回り道をしようという考えが浮かばずに，そのままそこに立ちつくすというようなこともあります。

給食のときなどにも，教師に「食べていいよ。」と言われないと，周りの子どもたちが食べ始めていてもじっと待っている子どももいます。

◆順番が待てない

知的に障碍のある子どもが，順番が待てないで割り込んでしまうといったことは，多くの場合，そういうことをしてはいけないというルールがまだ身についていないために起こると考えられています。

知的に障碍のある子どもは，一つのことを身につけるのにとても時間がかかります。その年齢だったら当然分かっているだろうということが，まだ分からないということもよくあることです。順番や勝ち負けなどのルールは，理解しにくいものの代表的なものです。

教師が，激しく叱りつければ分かるというものではありません。今はまだ伝わらない時期であるということを理解し，支援・指導に当たらなくてはいけません。

◆動きがぎこちない

知的に障碍のある子どもは，歩き方や姿勢に，どこかぎこちなさがある場合がみられます。縄跳びや跳び箱などが，なかなかうまくできなかったり，おぼんに物をのせて運ぶ動作が，安定しなかったりなどということも多くみられます。

体が硬すぎたり，柔らかすぎてバランスをとりにくかったり，2つのことを同時に行うことが苦手だったりするために起こると考えられます。

◆手先が不器用

知的に障碍のある子どもは，細かい作業がなかなかうまくできないことが多くみられます。箸や指でものをつかむことやボタンをかけること，くつひもを結ぶことなど，生活に関することでなかなかうまくいかないことが多いのです。

字を書くことや定規で長さを測ること，リコーダーの穴を指でふさぐことなどの学校の勉強に関することでも同様です。

46

◆思ったことや感じたことをそのまま言ってしまう

　知的に障碍のある子どもは，自分が思ったことや感じたこと，思いついたことを，相手の気持ちを考えずに，言ってしまうことがあります。それが，相手にとって嫌なことでも，平気で言うことがあります。これは，悪気があって言ってしまうのではなく，相手の気持ちを想像することが難しいからなのです。周りの雰囲気やこれまでの経験から，言わない方がいいということを感じ取ることが難しいのです。

◆人に頼ってしまう

　知的に障碍のある子どもは，他の子どもと同じようにうまくできないことが日常のあらゆる場面で起こります。そのため，何かをする前に，失敗するのではないかと不安になることが多く，自分で挑戦する前に，人に頼ってしまうのです。

　また，自分の考えを他人に言うことに臆病になっている子どももいます。そして，常に誰かの傍にいないと不安になってしまったり，特定の先生以外とは口が聞けなくなってしまったり，すぐに泣いてしまったりする子どももいます。これらは，その子どもが，「だらしない」，「甘えている」というのではなく，「自信がもてない」ことや「失敗に対する強い恐れ」などがあるために起きるものです。

2 脳の役割と働き

　脳には5つの連合野の働きがあります。体を動かす指示をする運動連合野，感覚情報を分析し，空間を認識する頭頂連合野，視覚や言語機能など視覚情報からより有用な情報を引き出す後頭連合野，思考・学習・推論・意欲・情操・理性・表現などと人特有の知性や感情，意志で人間らしさを司る前頭連合野，形の認識や記憶，聴覚などの中継となる側頭連合野で構成されています。また，右脳と左脳のはたらきも異なります。右脳は話すこと，音楽，表情や絵画の構成など姿勢やバランスを保ち，左脳は計算，声や音の認識，会話，読み書きなど運動脳として働きます。
　以下で，基本的な脳の役割と働きを説明していきます。

(1) 右脳と左脳の役割と働き

◆左脳は，言語の脳と言われています。主な役割は以下の通りです。
・論理的な思考・計算・言語の理解・話すこと・読み書き
・分析能力

◆右脳は，感性の脳と言われています。主な役割は以下の通りです。
・空間認識・直感的判断・言語の情緒的な
　表現
・絵画や音楽など芸術的理解

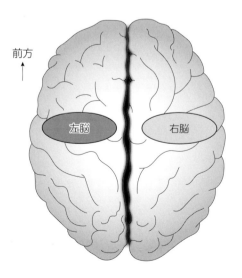

（2）大脳・小脳・脳幹の役割と働き

◆大　　脳
・感覚・思考・情動・記憶などの中枢感情や思考，言語など高度な精神活動や感覚を担っている中枢です。
・重さは約1000ｇです。
・脳の総重量の70～80％です。

◆小　　脳
・運動学習の中枢です。
・平衡感覚や筋肉運動をつかさどる運動，学習の中枢です。
・130ｇほどの重さがあり，大脳よりも細かいしわが表面に刻み込まれています。

◆脳　　幹
・生命維持の中枢です。
・間脳・中脳・橋・延髄からなる生命維持の中枢です。
・220ｇほどの重さの器官ですが，人間においては脳の最下層部に位置しているた

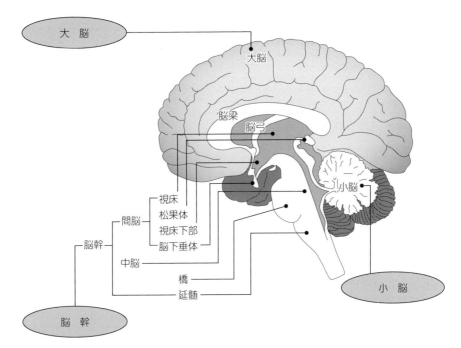

め,外側からはほとんど見ることができません。

(3) 前頭前野背側部,角回,紡錘状回,海馬の役割と働き

◆前頭前野背側部

・イメージを想起する役割を担っています。

・目の前にいない人や物の想起に関係しています。

・この領域が発達すると,親と離れた際に分離不安を感じるようになります。

・生後8か月以降に大きく発達します。

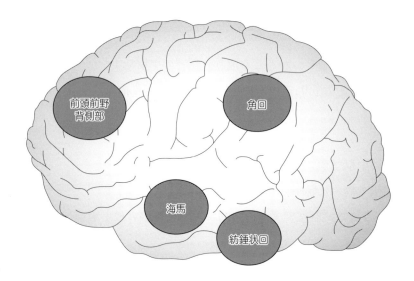

◆角　　回

・言語に関する役割を担っています。

・生後6か月の時点で,たいていの言語の基本的な音素を聞き分けられます。

・母語が身に付く1歳までに,この能力は失われます。

◆紡錘状回

・顔の認識に関する役割を担っています。

・これなしに,見知らぬ人と養育者を見分けることはできません。

・信頼関係の構築には不可欠です。

・生後4か月以降に発達します。

第3章　知的に障碍のある子どもの心理・生理・病理

◆海　馬
・記憶に関する役割を担っています。
・母親の声を思い起こすことから，言葉の習得まで，あらゆることに必要となります。
・生後まもなく発達を始めた記憶力は，5～6歳にはかなりの水準まで達すると言われています。

（4）他の部位の役割と働き1

◆運動野
　自分の意志で身体を動かす際に，運動指令を身体の各部位に伝える役割を果たしています。

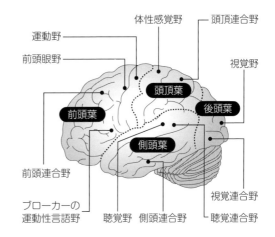

◆体性感覚野
　熱い，冷たいなど，皮膚感覚や触覚を感じ，それを処理する場所です。

◆頭頂連合野
　視覚連合野・聴覚連合野・体性感覚野の情報を統合し，動きや空間を認識する役割を担っています。

◆前頭眼野
　ものを見る際に，視線を特別な場所に向けさせる働きをもっています。

◆視覚野
　ものの形状や色彩，動きなどを認識する役目を担っています。

◆前頭連合野
　様々な連合野からの記憶情報を統合し，最も状況に適した行動を導き出します。思考や学習など創造行為をつかさどるとともに，喜怒哀楽など感情の統合も行われています。

51

◆聴覚野

　音の高さや大きさ，変化などを認識する場所です。

◆視覚連合野

　視覚野の情報を統合して，視覚的なコントロールに有益な情報を作り出しています。

◆ブローカーの運動性言語野

　言葉を話す際や文字を書くときに運動指令を発する部位です。

◆側頭連合野

　視覚連合野，聴覚連合野からの情報を統合し，その物体が何であるかを認知する場所です。それらを意味記憶として蓄積する役割ももっています。

◆聴覚連合野

　聴覚野の情報を統合する場所です。
　左脳には言語などの音韻記憶，右脳には非言語的な環境音が記憶されています。

（5）他の部位の役割と働き2

◆視　　床

　嗅覚以外の感覚情報（視覚，聴覚など）を大脳へと伝達する役割を果たしています。

◆視床下部

　体温調節，性衝動，摂食など，人間が生まれながらにもっている「本能」を発生させています。

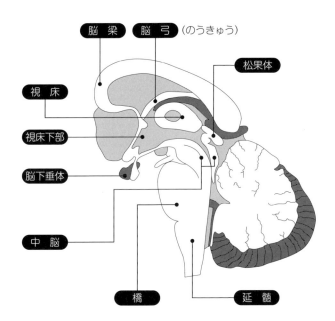

◆脳下垂体

　視床下部の支配を受けて，様々なホルモンを分泌する部位です。
　後葉と前葉に分かれています。

◆中　　脳

　大脳や橋，延髄，小脳などを繋げている神経線維の集まりで，眼球運動や瞳孔の調節などを担っています。

◆橋

　大脳と小脳の情報を中継する役目を担っています。

◆延　　髄

　呼吸や心拍を調節しているほか，くしゃみや咳，発汗，唾液分泌などにも関係しています。

◆松果体

　睡眠と覚醒のリズムを調節するホルモン（メラトニンなど）を分泌しています。

◆脳　　弓

　脳梁の下にあり左右対をなして弓形を描いている神経束です。
　海馬と他の部位を繋ぐ役目を主に担っています。

◆脳　　梁

　左右の大脳半球を繋いでいる神経線維の太い束です。

第 4 章

知的障碍者，重複障碍者の教育課程

1 特別支援学校新学習指導要領改訂と教育課程

平成29年4月に特別支援学校新学習指導要領（以下，新学習指導要領）が告示されました。それに先駆け，平成29年3月に小・中学校学習指導要領が公示されましたが，今回初めて，小・中学校と特別支援学校の学習指導要領がほぼ同時期に公示されました。これは，インクルーシブ教育の構築に向けて，全ての学校で特別支援教育を推進しようとする表れと言えます。

新学習指導要領では，学習する子どもの視点に立ち，育成すべき資質・能力として，①「何を知っているか，何ができるか（個別の知識・技能）」，②「知っていること・できることをどう使うか（思考力・判断力・表現力等）」，③「どのように社会・世界と関わり，よりよい人生を送るか（学びに向かう力，人間性等）」の３つの柱を示しています。知的に障碍のある子どものための各教科等の目標や内容についてもこの３つの柱に基づいて整理されました。改訂のポイントとして，

　　・学びの連続性を重視した対応
　　・一人一人に応じた指導の充実
　　・自立と社会参加に向けた教育の充実

の３点が挙げられます。

知的障碍教育における各教科の改訂については，以下が大きな変更点です。

　　・これまで１段階しかなかった中学部の内容に２段階の内容を新設し，内容をより細かく具体的に示している。
　　・小・中学部の各段階に目標を設定，段階ごとの内容を充実
　　・小学部の教育課程に外国語活動を設けることを規定
　　・小・中学部の各段階に示す各教科又は外国語活動の内容を習得し目標を達成している者については，小・中学校学習指導要領の各教科及び内容の一部を取り入れることが可能

つまり，知的障碍の場合，知的障碍の程度や学習状況等の個人差が大きいことを踏まえ，より子どもたちの実態に合わせた対応ができるようになったと言えます。また学びの連続性を重視した新学習指導要領は小・中学校と特別支援学校とのつな

がりも念頭に入れたものであり，特別支援学級の教育課程を編成する際にも参考になるものです。

　次に重複障碍の教育課程について述べます。重複障害の教育課程に関連するのは，新学習指導要領第1章の「第8節重複障害者等に関する教育課程の取扱い」の部分です。ただし，第8節では，重複障害者に関することだけではなく，障碍の状態により，特に必要のある場合や訪問教育の場合，療養中の場合も含まれていることに注意をしてください。

　まず，障碍の状態により特に必要がある場合ですが，この場合，① 各教科及び外国語活動の目標及び内容に関する事項の一部を取り扱わないことができること，② 各教科及び道徳科の各学年の目標及び内容の一部または全部を，当該各学年より前の各学年の目標及び内容の一部または全部によって，替えることができること。また，小学部の児童については，外国語科の目標及び内容の一部または全部を，外国語活動の目標及び内容の一部または全部によって，替えることができること，③ 中学部の各教科及び道徳科の目標及び内容に関する事項の一部または全部を，当該各教科に相当する小学部の各教科及び道徳科の目標及び内容に関する事項の一部または全部によって，替えることができること，④ 視覚障害者，聴覚障害者，肢体不自由者または病弱者である生徒に対する教育を行う特別支援学校の中学部の外国語科については，小学部の外国語科及び外国語活動の目標及び内容の一部を取り入れることができること，⑤ 幼稚部教育要領に示す各領域のねらい及び内容の一部を取り入れることができることの5つが示されています。

　次に視覚障碍，聴覚障碍，肢体不自由又は病弱の児童生徒で知的障碍を併せ有する場合は，その実態に即して，該当する知的障碍者の各教科の一部または全部に替えることができます。

　また重複障碍の子どもの中で，障碍の状態により，特に必要な場合は，各教科の一部または全部に替えて，自立活動を主とした指導ができます。自立活動の目的は心身の調和的発達の基礎を培うことです。その際は実態に応じた授業時数を適切に設定することが求められます。

　以上，新学習指導要領改訂のポイントと教育課程について見てきました。今回の改訂では，子どもが特別支援学校，特別支援学級，通常の学級といったさまざまな場で学んでいる状況を反映し，学校間の繋がりと学年間の系統性がより重視されています。子どもの学びの連続性を重視した指導が今後より一層求められ，教員としてそれに対応できる指導力を付けていくことが大切な課題だと言えます。

2 知的障碍における各教科の目標及び内容の示し方の改訂

　新学習指導要領では，現行学習指導要領（平成21年３月告示）とは，各教科の目標及び内容の示し方について大きな改訂が行われています。

　まず小学部についてです。現行学習指導要領では教科の「目標」が示され，内容については「内容」が１から３段階毎に数項目（教科によって異なる）示されています。それに対し，新学習指導要領では，「目標」，「各段階の目標及び内容」，「指導計画の作成と内容の取扱い」で構成されています。その違いについて「国語」と「算数」を例に見ていきましょう。

【現行学習指導要領】

〔国　語〕

１　目　標

　日常生活に必要な国語を理解し，伝え合う力を養うとともに，それらを表現する能力と態度を育てる。

２　内　容

○１段階

　⑴教師の話を聞いたり，絵本などを読んでもらったりする。

　⑵教師などの話し掛けに応じ，表情，身振り，音声や簡単な言葉で表現する。

　⑶教師と一緒に絵本などを楽しむ。

　⑷いろいろな筆記用具を使って書くことに親しむ。

○２段階

　⑴教師や友達などの話し言葉に慣れ，簡単な説明や話し掛けが分かる。

　⑵見聞きしたことなどを簡単な言葉で話す。

　⑶文字などに関心をもち，読もうとする。

　⑷文字を書くことに興味をもつ。

○３段階

　⑴身近な人の話を聞いて，内容のあらましが分かる。

　⑵見聞きしたことなどのあらましや自分の気持ちなどを教師や友達と話す。

58

(3)簡単な語句や短い文などを正しく読む。

(4)簡単な語句や短い文を平仮名などで書く。

【新学習指導要領】

〔国　語〕

1　目　標

　言葉による見方・考え方を働かせ，言語活動を通して，国語で理解し表現する資質・能力を次のとおり育成することを目指す。

　(1)日常生活に必要な国語について，その特質を理解し使うことができるようにする。

　(2)日常生活における人との関わりの中で，伝え合う力を身に付け，思考力や想像力を養う。

　(3)言葉で伝え合うよさを感じるとともに，言語感覚を養い，国語を大切にしてその能力の向上を図る態度を養う。

2　各段階の目標及び内容

○1段階

(1)目　標

　ア　身近で日常生活に必要な言葉が分かり使うようになるとともに，いろいろな言葉や我が国の言語文化に触れることができるようにする。

　イ　言葉をイメージしたり，言葉による関わりを受け止めたりする力を養い，日常生活における人との関わりの中で伝え合う楽しさを味わい，自分なりの思いをもつことができるようにする。

　ウ　言葉で表すことやそのよさを感じるとともに，言葉を使おうとする態度を養う。

(2)内　容

〔知識及び技能〕

　ア　言葉の特徴や使い方に関する次の事項を身に付けることができるよう指導する。

　　(ｱ)身近な人の話し掛けに慣れ，言葉が事物の内容を表していることを感じること。

　　(ｲ)言葉のもつ音やリズムに慣れたり，言葉が表す事物やイメージに触れたりすること。

　イ　我が国の言語文化に関する次の事項を身に付けることができるよう指導する。

　　(ｱ)昔話などについて，読み聞かせを聞くなどして親しむこと。

　　(ｲ)遊びを通して，言葉のもつ楽しさに触れること。

　　(ｳ)書くことに関する次の事項を理解し使うこと。

　　　㋐　いろいろな筆記用具に触れ，書くことを知ること。

　　　㋑　筆記用具の持ち方や，正しい姿勢で書くことを知ること。

　　(ｴ)読み聞かせに注目し，いろいろな絵本などに興味を持つこと。

〔思考力，判断力〕

A　聞くこと・話すこと

　聞くこと・話すことの能力を育成するため，次の事項を身に付けることができるよう指導する。

　　ア　教師の話や読み聞かせに応じ，音声を模倣したり，表情や身振り，簡単な話し言葉などで表現したりすること。

　　イ　身近な人からの話し掛けに注目したり，応じて答えたりすること。

　　ウ　伝えたいことを思い浮かべ，身振りや音声などで表すこと。

B　書くこと

　書くことの能力を育成するため，次の事項を身に付けることができるよう指導する。

　　ア　身近な人との関わりや出来事について，伝えたいことを思い浮かべたり，選んだりすること。

　　イ　文字に興味をもち書こうとすること。

C　読むこと

　読むことの能力を育成させるため，次の事項を身に付けることができるよう指導する。

　　ア　教師と一緒に絵本などを見て，示された身近な事物や生き物などに気付き，注目すること。

　　イ　絵本などを見て，知っている事物や出来事などを指さしなどで表現すること。

　　ウ　絵や矢印などの記号で表された意味に応じ，行動すること。

　　エ　絵本などを見て，次の場面を楽しみにしたり，模倣したりすること。

※２段階，３段階の「目標」，「各段階の目標及び内容」は省略。「指導計画の作成と内容の取扱い」についても省略。

　新学習指導要領の「目標」では，国語の目標が示された上で，さらに３項目に分けて具体的な目標が示されています。「各段階の目標及び内容」も，現行学習指導要領に比べて，かなり具体的に示されているのが特徴です。上記では省きましたが，「指導計画の作成と内容の取扱い」は，現行学習指導要領では各教科に共通するものとして示されていたのに対し，新学習指導要領では，内容同様，教科ごとに詳細に示されています。これらは，小学校の新学習指導要領の国語と同じ項立てです。つまり先述した通り，現行に比べて，小学校学習指導要領との連続性が明確になっていると言えます。「算数」も見てみましょう。

第4章　知的障碍者，重複障碍者の教育課程

【現行学習指導要領】

〔算　数〕

1　目　標

　具体的な操作などの活動を通して，数量や図形などに関する初歩的なことを理解し，それら
を扱う能力と態度を育てる。

2　内　容

○1段階

　⑴具体物があることが分かり，見分けたり，分類したりする。

　⑵身近にあるものの大小や多少などに関心をもつ。

　⑶身近にあるものの形の違いに気付く。

○2段階

　⑴身近にある具体物を数える。

　⑵身近にあるものの長さやかさなどを比較する。

　⑶基本的な図形や簡単な図表に関心をもつ。

　⑷一日の時の移り変わりに気付く。

○3段階

　⑴初歩的な数の概念を理解し，簡単な計算をする。

　⑵身近にあるものの重さや広さなどが分かり，比較する。

　⑶基本的な図形が分かり，その図形を描いたり，簡単な図表を作ったりする。

　⑷時計や暦に関心をもつ。

【新学習指導要領】

〔算　数〕

1　目　標

　数学的な見方・考え方を働かせ，数学的活動を通して，数学的に考える資質・能力を次のと
おり育成することを目指す。

　⑴数量や図形などについての基礎的・基本的な概念や性質などに気付き理解するとともに，
　　日常の事象を数量や図形に注目して処理する技能を身に付けるようにする。

　⑵日常の事象の中から数量や図形を直感的に捉える力，基礎的・基本的な数量や図形の性質
　　などに気付き感じ取る力，数学的な表現を用いて事象を簡潔・明瞭・的確に表したり柔軟
　　に表したりする力を養う。

　⑶数学的活動の楽しさに気付き，関心や興味をもち，学習したことを結びつけてよりよく問
　　題を解決する態度，算数で学んだことを学習や生活に活用する態度を養う。

61

2　各段階の目標及び内容

○1段階

⑴目　標

A　数量の基礎

　　ア　身の回りのものに気付き，対応させたり，組み合わせたりすることなどについての技能
　　　を身に付けるようにする。

　　イ　身の回りにあるもの同士を対応させたり，組み合わせたりするなど，数量に関心をもっ
　　　て関わる態度を養う。

　　ウ　数量や図形に気付き，算数の学習に関心をもって取り組もうとする態度を養う。

B　数と計算

　　ア　ものの有無や3までの数的要素に気付き，身の回りのものの数に関心をもって関わるこ
　　　とについての技能を身に付けるようにする。

　　イ　身の回りのものの有無や数的要素に注目し，数を直感的に捉えたり，数を用いて表現し
　　　たりする力を養う。

　　ウ　数量や図形に気付き，算数の学習に関心をもって取り組もうとする態度を養う。

C　図　形

　　ア　身の回りのものの上下や前後，形の違いに気付き，違いに応じて関わることについての
　　　技能を身に付けるようにする。

　　イ　身の回りのものの形に注目し，同じ形を捉えたり，形の違いを捉えたりする力を養う。

　　ウ　図形や数量に気付き，算数の学習に関心をもって取り組もうとする態度を養う。

D　測　定

　　ア　身の回りにあるものの量の大きさに気付き，量の違いについての感覚を養うとともに，
　　　量に関わることについての技能を身に付けるようにする。

　　イ　身の回りにあるものの大きさや長さなどの量の違いに注目し，量の大きさにより区別す
　　　る力を養う。

　　ウ　数量や図形に気付き，算数の学習に関心をもって取り組もうとする態度を養う。

⑵内　容

A　数量の基礎

　　ア　具体物に関わる数学的活動を通して，次の事項を身に付けることができるよう指導する。

　　　㋐次のような知識及び技能を身に付けること。

　　　　㋐　具体物に気づいて指を差したり，つかもうとしたり，目で追ったりすること。

　　　　㋑　目の前で隠されたものを探したり，身近にあるものや人の名を聞いて指を差したり
　　　　　すること。

　　　㋑次のような思考力，判断力，表現力等を身に付けること。

　　　　㋐　対象物に注意を向け，対象物の存在に注目し，諸感覚を協応させながら捉えること。

　　イ　ものとものとを対応させることに関わる数学的活動を通して，次の事項を身に付けるこ

とができるよう指導する。

　㋐次のような知識及び技能を身に付けること。

　　㋐　ものとものとを対応させて配ること。

　　㋑　分割した絵カードを組み合わせること。

　　㋒　関連の深い絵カードを組み合わせること。

　㋑次のような思考力，判断力，表現力等を身に付けること。

　　㋐　ものとものとを関連付けることに注意を向け，ものの属性に注目し，仲間であることを判断したり，表現したりすること。

B　数と計算

　ア　数えることの基礎に関わる数学的活動を通して，次の事項を身に付けることができるよう指導する。

　㋐次のような知識及び技能を身に付けること。

　　㋐　ものの有無に気付くこと。

　　㋑　目の前のものを，１個，２個，たくさんで表すこと。

　　㋒　５までの範囲で数唱すること。

　　㋓　３までの範囲で具体物を取ること。

　　㋔　対応させてものを配ること。

　　㋕　形や色，位置が変わっても，数は変わらないことに気付くこと。

　㋑次のような思考力，判断力，表現力等を身に付けること。

　　㋐　数詞とものとの関係に注目し，数のまとまりや数え方に気付き，それらを学習や生活で生かすこと。

C　図　形

　ア　ものの類別や分類・整理に関わる数学的活動を通して，次の事項を身に付けることができるよう指導する。

　㋐次のような知識及び技能を身に付けること。

　　㋐　具体物に注目して指を差したり，つかもうとしたり，目で追ったりすること。

　　㋑　形を観点に区別すること。

　　㋒　形が同じものを選ぶこと。

　　㋓　似ている二つのものを結び付けること。

　　㋔　関連の深い一対のものや絵カードを組み合わせること。

　　㋕　同じもの同士の集合づくりをすること。

　㋑次のような思考力，判断力，表現力等を身に付けること。

　　㋐　対象物に注意を向け，対象物の存在に気付き，諸感覚を協応させながら具体物を捉えること。

　　㋑　ものの属性に着目し，様々な情報から同質なものや類似したものに気付き，日常生活の中で関心をもつこと。

　　㋒　ものとものとの関係に注意を向け，ものの属性に気付き，関心をもって対応しなが

　　　　ら，表現する仕方を見つけ出し，日常生活で生かすこと。

　D　測　定

　　ア　身の回りにある具体物のもつ大きさに関わる数学的活動を通して，次の事項を身に付け

　　　ることができるよう指導する。

　　　㋐次のような知識及び技能を身に付けること。

　　　　　㋐　大きさや長さなどを，基準に対して同じか違うかによって区別すること。

　　　　　㋑　ある・ない，大きい・小さい，多い・少ない，などの用語に注目して表現すること。

　　　㋑次のような思考力，判断力，表現力等を身に付けること。

　　　　　㋐　大小や多少等で区別することに関心をもち，量の大きさを表す用語に注目して表現

　　　　　　すること。

〔数学的活動〕

　　ア　内容の「A数量の基礎」，「B数と計算」，「C図形」及び「D測定」に示す学習について

　　　は，次のような数学的活動に取り組むものとする。

　　　㋐身の回りの事象を観察したり，具体物を操作したりして，数量や図形に関わる活動

　　　㋑日常生活の問題を取り上げたり算数の問題を具体物を用いるなどして解決したりして，

　　　　結果を確かめる活動

※２段階，３段階の「目標」，「各段階の目標及び内容」は省略。「指導計画の作成と内容の取

扱い」についても省略。

　　現行の小学校学習指導要領の算数では，１〜６年生の内容としてそれぞれ「A
数と計算」，「B図形」，「C測定」，「Dデータの活用」を学びます。それに対し，現
行の特別支援学校学習指導要領では，上記に示した通り，児童の実態に応じて弾力
的に対応するために概括的な示し方になっているのがおわかりになると思います。
これは特別支援学校の子どもの特性を考えた際に，必要なことである反面，実際に
何をどのように教えるのかという点は不明確であったと指摘できます。たとえば，
特別支援学級の担任教員が特別支援学校の学習指導要領を参考にしようとした時，
従来の小学校学習指導要領の目標や内容の示し方とは違いがあったため参考にでき
ないということが考えられました。その隔たりを少なくするためにも，新学習指導
要領では，小学校の学習指導要領の項立てと同じものになっています。この新学習
指導要領を参考にしながら，他章で述べている数学習を組み込むことで，より子ど
もがわかる授業ができると考えます。

　　次に中学部の学習指導要領についてです。「国語」を例に挙げると，現行の中学

部学習指導要領の「国語」では，「目標」と「内容」（４項目）が示されていますが，新学習指導要領では，小学部同様に，「目標」「各段階の目標及び内容」「指導計画の作成と内容の取扱い」が示され，これまで１段階しかなかった内容が２段階になりました。内容を細かく具体的に示すことで，従来以上に生徒の実態に対応できる可能性が広がっています。

　小学部・中学部ともに，これまでに比べて，目標や内容が具体的に示されたことは，より子どもの実態に応じた指導が可能になったことを意味します。そして，第１項でも述べましたが，新学習指導要領では，小学部・中学部ともに特別支援学校学習指導要領を習得した子どもについては，小学校・中学校の学習指導要領を参考にして指導することができるようになりました。これも，これまで以上に知的障碍の程度や個人差に対応した指導をするための規定です。反対に特別支援学校の新学習指導要領と小・中学校の学習指導要領の項立てが類似したものになったという点では，通常の学級や特別支援学級での活用もしやすくなり，どこにいても，子どもの実態に応じた教育を保障できる，言い換えれば，保障しなければいけないということです。

　新学習指導要領では，「何ができるか」を重要視し，そのために何を学ぶのか，どのように学ぶのかがポイントになっています。そして，何より，その力を使って，「どのように社会・世界と関わり，よりよい人生を送るか」が大切であると示されました。教育の最大の目的は子どもたちが「よりよい人生を送れるようにすること」だと考えます。これは特別支援教育そのものの目的とも当然一致するものです。子どもが自立し社会参加するために必要な知識や技能，態度を培えるようにするためには，授業を担う教員が，どのような子ども観をもち，どのような生き方をしてほしいと考えているかに大きく影響されます。学校間のつながりや学年間の系統性を考慮した指導をすることはもとより，第２章にもあるように，子ども観を改めて考えた上で，日々の実践を行うことが大切ではないでしょうか。

第5章

文字の学習

音声言語は，言葉を話した瞬間に消えてなくなります。基本的に音声言語は操作することはできません。しかし，文字を並べたり，入れ替えたりして単語を作り，単語を並べたり，入れ替えたりして文を作り，単語や文を読むことはできます。

つまり，言葉を操作して学習を行います。したがって，文字を操作し単語を作る，単語を操作し文を作るという学習は，知的障碍や学習障碍の子どもたちにとって大切な学習になります。

ここで紹介する学習方法は，筆者がこれまでの臨床経験の中で，実際に行った方法であり，使用した教材です。紹介する支援・指導方法をそのまま行うのではなくて，目の前にいる子どもに合わせ，援用して支援・指導を行うことが必要です。

課題1：絵カードと実物・実物模型の見本合わせの学習

課題2：写真カードと実物・実物模型の見本合わせの学習

課題3：絵カードと文字（単語）カードの見本合わせの学習

課題4：写真カードと文字（単語）カードの見本合わせの学習

課題5：文字（単語）つき絵カードと文字（単語）カードの見本合わせの学習

課題6：文字（単語）つき写真カードと文字（単語）カードの見本合わせの学習

課題7：文字（単語）カードと文字（単語）カードの見本合わせの学習

課題8：音節（単語）の分解の学習

課題9：音節（単語）の構成の学習

課題10：50音表の学習

課題11：動詞と文の学習

課題1

絵カードと実物・実物模型の見本合わせの学習

目 的
- 絵カードと同じ実物・実物模型を選びます。
- 実物・実物模型と同じ絵カードを選びます。
- 両方できるようになることが大切です。

図14

図15

第 5 章　文字の学習

教　材

- ●図14は，見本の絵カードと同じ実物や実物模型を選ぶ，見本合わせの教材です。
- ●図15は，見本の実物や実物模型と同じ絵カードを選ぶ，見本合わせの教材です。
- ●絵カードは，図16の精巧な絵や図17の線画，図18のアクリル板に線画を描いた教材を使用します。

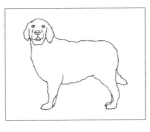

図16　　　　　　　　　図17　　　　　　　　　図18

支援方法と課題遂行時にみるべきところ

- ●図16の絵と図17の線画の見本合わせの学習を行います。
- ●図16の絵と図18のアクリル板の線画の見本合わせの学習を行います。
- ●実物や実物模型と図16の絵の見本合わせの学習を行います。
- ●実物や実物模型と図17の線画の見本合わせの学習を行います。
- ●実物や実物模型と図18のアクリル板の線画の見本合わせの学習を行います。
- ●係わり手は，どの見本合わせの学習においても，子どもが見本と選択肢を見比べるという目の使い方をしているか，観察することが大切です。
- ●子どもの状態によっては，実物や実物模型同士，絵カード同士，線画同士の見本合わせの学習を先に進めることも考えなくてはいけません。

課題2

写真カードと実物・実物模型の見本合わせの学習

目 的
●写真カードと同じ実物・実物模型を選びます。
●実物・実物模型と同じ写真カードを選びます。
●両方できるようになることが大切です。

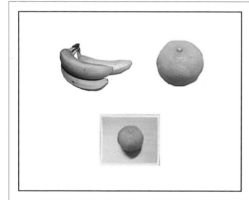 

図19

図20

教　材
- 図19は，見本の写真カードと同じ実物や実物模型を選択肢から選ぶ見本合わせの教材です。
- 図20は，見本の実物や実物模型と同じ写真カードを選択肢から選ぶ見本合わせの教材です。
- 写真カードは，図21～23のようなカードを使用します。

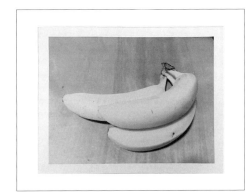

図21

図22

図23

支援方法と課題遂行時にみるべきところ
- 実物や実物模型と写真カード（図21～23）の見本合わせの学習を行います。
- 係わり手は，子どもが見本と選択肢を見比べるという目の使い方をしているか，観察することが大切です。
- 子どもの状態によっては，写真カード同士の見本合わせの学習を進めることを先に考えなくてはいけません。

課題3

絵カードと文字（単語）カードの見本合わせの学習

目　的
- 絵カードと文字（単語）カードの見本合わせの学習は，絵と文字（単語）を結びつけるための学習です。
- 絵カードを見本とした場合，選択肢は文字（単語）カード（図24）となります。文字（単語）カードを見本とした場合，選択肢は絵カード（図25）となります。

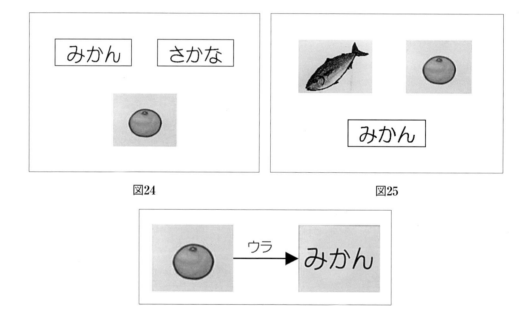

図24　　　　　　　　　　　　　図25

図26

教　材
- 図24は，見本の絵カードと同じ文字（単語）カードを選択肢から選ぶ見本合わせの教材です。
- 図25は，見本の文字（単語）カードと同じ絵カードを選択肢から選ぶ見本合わせの教材です。
- 絵カードの裏に文字を書いておく（図26）と，子どもは絵カードを裏返して文字

第5章　文字の学習

を見て，見本の文字と同じかどうかを比べて判断できますので，その子どもの状態にあった教材を考えることも必要なことです。

支援方法と課題遂行時にみるべきところ

- 絵カードと文字（単語）カードの見本合わせの学習は，実物同士や写真カード同士，絵カード同士など，同じ形というような同質のものを結びつける学習と違って，絵カードと文字（単語）カードという異質のものを結びつけるという学習になります。見本が文字（単語）カードの場合，係わり手は，見本の文字（単語）カードを子どもに提示してから，2枚の絵カードを選択肢として提示します。
- 見本が絵カードの場合，係わり手は，見本の絵カードを子どもに提示してから，2枚の文字（単語）カードを選択肢として提示します。
- 子どもの状態によっては，絵カードの裏に文字を書いたカードを使用することがあります。
- 係わり手は，子どもが見本と選択肢を見比べるという目の使い方をしているか，観察することが大切です。
- 始めは，2文字，3文字の文字数のカードを使用します。
- 子どもが，文字数の少ないのが「うし」，文字数の多いのが「みかん」などと，文字数の長さで判断していないかをよく観察します。文字数ではなく，「文字の形」の違いで，判断することが大切なのです。

課題4

写真カードと文字（単語）カードの見本合わせの学習

目 的
- 写真カードと文字（単語）カードの見本合わせの学習は，写真と文字（単語）を結びつけるための学習です。
- 写真カードを見本とした場合は，選択肢は文字（単語）カード（図27）となります。
- 文字（単語）カードを見本とした場合，選択肢は写真カード（図28）となります。

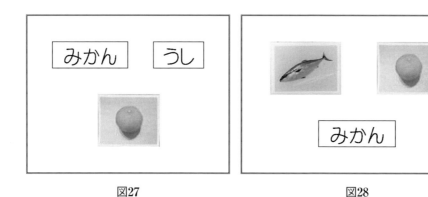

図27　　　　　　　　　　図28

教 材
- 図27は，見本の写真カードと同じ文字（単語）カードを選択肢から選ぶ見本合わせの教材です。
- 図28は，見本の文字（単語）カードと同じ写真カードを選択肢から選ぶ見本合わせの教材です。
- 子どもの状態によっては，写真カードの裏に文字を書いたカードを使用することがあります。

支援方法と課題遂行時にみるべきところ

- 写真カードと文字（単語）カードの見本合わせの学習は,「課題3 絵カードと文字（単語）カードの見本合わせの学習」同様, 写真カードと文字（単語）カードという異質のものを結びつける学習になります。
- 見本が文字（単語）カードの場合, 係わり手は, 見本の文字（単語）カードを子どもに提示してから, 2枚の写真カードを選択肢として提示します。
- 見本が写真カードの場合, 係わり手は, 見本の写真カードを子どもに提示してから, 2枚の文字（単語）カードを選択肢として提示します。
- 子どもの状態によっては, 写真カードの裏に文字を書いたカードを使用することがあります。
- 係わり手は, 子どもが見本と選択肢を見比べるという目の使い方をしているか, 観察することが大切です。
- 始めは, 2文字, 3文字の文字数のカードを使用します。
- 子どもが, 文字数の少ないのが「うし」, 文字数の多いのが「みかん」などと, 文字数の長さで判断していないかをよく観察します。

　文字数ではなく,「文字の形」の違いで, 判断することが大切なのです。

課題5

文字（単語）つき絵カードと文字（単語）カードの見本合わせの学習

目　的
- 文字（単語）つき絵カードと文字（単語）カードの見本合わせの学習は，文字＋絵（図29）と文字を結びつけるための学習です。
- 文字（単語）つき絵カードを見本とした場合，選択肢は文字（単語）カード（図30）となります。
- 文字（単語）カードを見本とした場合，選択肢は文字（単語）つき絵カード（図31）となります。

図29

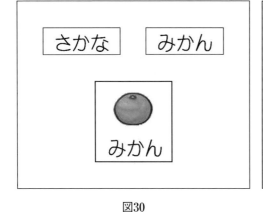

図30

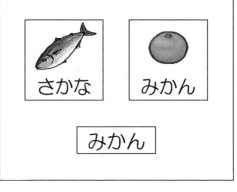

図31

教　材
- 図30は，見本の文字（単語）つき絵カードと同じ文字（単語）カードを選択肢から選ぶ見本合わせの教材です。
- 図31は，見本の文字（単語）カードと同じ文字（単語）つき絵カードを選択肢から選ぶ見本合わせの教材です。

支援方法と課題遂行時にみるべきところ

- 選択肢に文字（単語）つき絵カードを置くと，子どもは，文字（単語）つき絵カードを，みかんの絵と同時にみかんの文字を見ることになるため，絵と文字が結びつきやすい状況になります。
- 見本が文字（単語）カードの場合，係わり手は，見本の文字（単語）カードを子どもに提示してから，2枚の文字（単語）つき絵カードを選択肢として提示します。
- 見本が文字（単語）つき絵カードの場合，係わり手は，見本の文字（単語）つき絵カードを子どもに提示してから，2枚の文字（単語）カードを選択肢として提示します。
- 係わり手は，子どもが見本と選択肢を見比べるという目の使い方をしているか，観察することが大切です。
- 始めは，2文字や3文字の文字数の文字（単語）つき絵カードを使用します。
- この課題の場合，手がかりが絵と文字（単語）の2つになります。

　子どもが，みかんの絵と同時にみかんの文字を見ることになるため，絵と文字が結びつきやすくなります。

　ただ子どもによっては逆に，混乱する場合も考えられるため，その時の子どもの状態をしっかり把握して指導することが大切です。

課題6

文字（単語）つき写真カードと文字（単語）カードの見本合わせの学習

目　的
- 文字（単語）つき写真カードと文字（単語）カードの見本合わせの学習は，文字＋写真と文字を結びつけるための学習です。
- 文字（単語）つき写真カードを見本とした場合，選択肢は文字（単語）カード（図32）となります。
- 文字（単語）カードを見本とした場合，選択肢は文字（単語）つき写真カード（図33）となります。

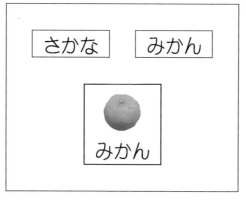

図32

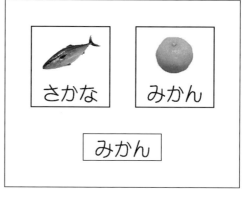

図33

教　材
- 図32は，見本の文字（単語）つき写真カードと同じ文字（単語）カードを選択肢から選ぶ見本合わせの教材です。
- 図33は，見本の文字（単語）カードと同じ文字（単語）つき写真カードを選択肢から選ぶ見本合わせの教材です。

支援方法と課題遂行時にみるべきところ

- 選択肢に文字（単語）つき写真カードを置くと，子どもは，文字（単語）つき写真カードを，みかんの写真と同時にみかんの文字を見ることになるため，写真と文字が結びつきやすい状況になります。
- 見本が文字（単語）カードの場合，係わり手は，見本の文字（単語）カードを子どもに提示してから，2枚の文字（単語）つき写真カードを選択肢として提示します。
- 見本が文字（単語）つき写真カードの場合，係わり手は，見本の文字（単語）つき写真カードを子どもに提示してから，2枚の文字（単語）カードを選択肢として提示します。
- 係わり手は，子どもが見本と選択肢を見比べるという目の使い方をしているか，観察することが大切です。
- 始めは，2文字や3文字の文字数の文字（単語）つき写真カードを使用します。
- この課題の場合，手がかりが写真と文字（単語）の2つとなります。

　子どもが，みかんの写真と同時にみかんの文字を見ることになるため，写真と文字が結びつきやすくなります。

　ただ子どもによっては逆に，混乱する場合も考えられるため，その時の子どもの状態をしっかり把握して指導することが大切です。

課題7

文字（単語）カードと文字（単語）カードの見本合わせの学習

目　的
- 見本の文字（単語）カードと選択肢から同じ形の文字（単語）カードを選びます。
- ２文字や３文字の文字カードから始めます。

教材
- 図34は，「ほん」と「いぬ」という２文字同士の見本合わせの学習のための教材です。
- 図35のような２文字と３文字という文字数の異なる単語で見本合わせをするときは，子どもは文字の長さで判断することがあります。

　ですから，始めは，文字数をそろえて学習を進める必要があります。

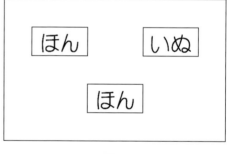

図34

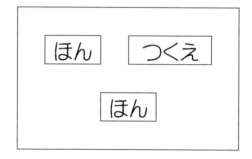

図35

第5章　文字の学習

支援方法と課題遂行時にみるべきところ

- 見本が文字（単語）カードの場合，係わり手は，見本の文字（単語）カードを子どもに提示してから，2枚の文字（単語）カードを選択肢として提示します。
- 選択肢として提示する文字（単語）カードは，はじめは異質なもの（ほん―いぬ，ほん―つくえ）の方が，分かりやすく，学習が進めやすくなることが考えられます。
- 係わり手は，子どもが見本と選択肢を見比べるという目の使い方をしているか，観察することが大切です。
- 始めは，2文字や3文字の文字数の文字カードを使用します。

課題8

音節（単語）の分解の学習

目　的
●実物や実物模型，絵カード，写真カードを見て，文字チップを外していきます。

教　材
●図36～39は，音節の分解のための教材です。
●子どもは，実物（図36）や実物模型（図37），絵カード（図38），写真カード（図39）を見て，並んでいる文字チップを外していきます。
●子どもは，外しながら一文字ずつ，その文字を読みます。

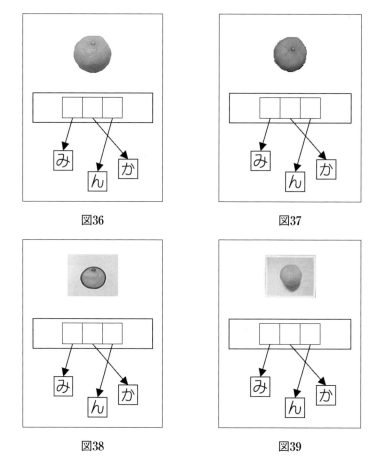

図36　　　　　　　　　図37

図38　　　　　　　　　図39

支援方法と課題遂行時にみるべきところ

●係わり手は，実物や実物模型，絵カード，写真カードと完成された文字チップを提示し，子どもが文字チップを1つずつ順番に外すように支援します。

●子どもが文字チップを順番に外すことができないとき，係わり手は，「み」，「か」，「ん」と言って，音声の手がかりを子どもに与え，子どもができるように支援します。

●2文字や3文字の音節の分解であれば，学習は進みますが，4文字以上になれば難しくなります。

　4文字以上になれば，数の概念が大きく関係してきますので，数の学習と並行して行う必要があります。

課題 9

音節（単語）の構成の学習

目 的
●実物や実物模型，絵カード，写真カードを見て，文字チップを並べていきます。

教 材
●図40〜43は，音節の分解のための教材です。
●子どもは，実物（図40）や実物模型（図41），絵カード（図42），写真カード（図43）を見て，文字チップを順番に並べ単語を作ります。
●子どもは，単語を作った後，その文字を読みます。

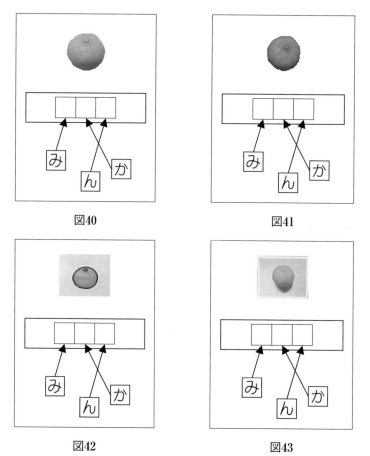

図40　　　　　　　　図41

図42　　　　　　　　図43

支援方法と課題遂行時にみるべきところ

- 係わり手は，子どもに，実物や実物模型，絵カード，写真カードと文字チップを提示し，子どもが文字チップを順番に並べ，文字（単語）を作るように指導します。
- 子どもが文字（単語）を作った後，係わり手は，子どもがその文字（単語）を読むことを指導します。
- 2文字の文字（単語）から学習をはじめ，3文字，4文字などへと学習を進めていきます。
- 清音の文字で単語が構成できるようになれば，濁音を加えて，清音と濁音の単語を構成するように進めます。
- 係わり手は，「み」，「か」，「ん」という音声で，子どもに手がかりを与えますが，その時に子どもが，係わり手の口元を見ているか，または，係わり手の声を聴いているかについて観察します。
- 係わり手が，子どもがどのように文字を探しているかを観察します。
- 子どもが文字チップをうまく並べられないとき，係わり手は，「み」，「か」，「ん」と言って，音声の手がかりを子どもに与え，子どもが並べられるように指導します。
- 2文字や3文字の単語の構成であれば，学習は進みますが，4文字以上になれば難しくなります。4文字以上になれば，数の概念が大きく関係してきますので，数の学習と並行して指導する必要があります。

課題10

50音表の学習

目 的
● 50音の文字を行，列ごとに並べていきます。

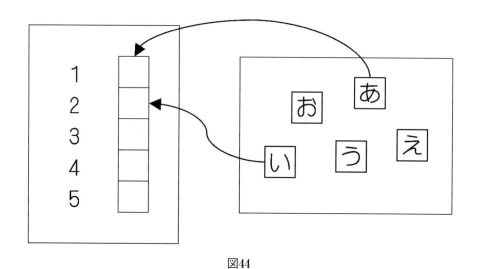

図44

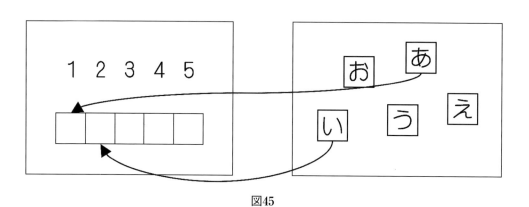

図45

第5章　文字の学習

教　材
●図44と図45は，数字の横や数字の下に「あ行」の文字を並べていくための教材です。
●「あ行」ができれば，「か行」，「さ行」，「た行」…と，順番に50音を並べていきます。

支援方法と課題遂行時にみるべきところ
●係わり手は，図44や図45のように提示し，子どもが数字の横に「あ行」の文字を並べていくように指導します。
●係わり手は，子どもが「上から下へ」順番に並べているかを観察します。
●係わり手が，子どもが「左から右へ」順番に並べているかを観察します。
●係わり手は，子どもが，数字を手がかりに，「上から下へ」，「左から右へ」並べているかを観察します。

課題11

動詞と文の学習

- 動詞や文は，子どもがコミュニケーションをとったり，子ども自身の行動を調節したりするためにある記号です。
- そのためには，動詞や文を見て，その動作や行動がとれたり，人が行う動作や行動を見て，それを動詞や文で表現したりすることが必要になります。
- そのための学習が動詞の学習であり，文の学習です。

目　的
- 子どもは，「だす」，「いれる」という単語を読んで，それに対応する行動をします。
- 子どもは，係わり手の行動を見て，「だす」，「いれる」の単語から，その行動に対応する単語を選びます。

教　材
- 図46と図47は，動詞の学習では，子どもが単語を見て，それに対応する行動をしたり，また，係わり手が行う行動を見て，それに対応する単語を選択したりする教材です。

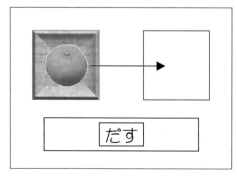 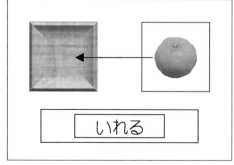

図46　　　　　　　　　　　　　図47

支援方法と課題遂行時にみるべきところ

① 動詞と行動の結合の学習

- 図46は，係わり手が「だす」という動詞の文字（単語）カードを子どもに提示し，実物や実物模型のみかんを箱の中に入れて置きます。

  この状況で，子どもは，「だす」という動詞を読んで，みかんを箱の中から出して，所定の場所に置き，「だす」という動作を学びます。

- 図47は，「いれる」という動詞を学習するときは，所定の位置に置かれているみかんを見て，子どもは箱の中にみかんを入れて，「いれる」という動作を学びます。

- 次に子どもは，係わり手の動作を見て，それを表す動詞を選ぶ学習を行います。

- 係わり手が，箱からみかんを「だす」動作をし，子どもが，その動作を見て，「だす」という動詞の文字（単語）カードを選びます。

- 係わり手は，「動詞⇒行動」，「行動⇒動詞」を結びつける学習を行います。

② 文と行動の結合の学習

- 文と行動の結合の学習では，「みかんをだす」という簡単な文から「みかんをはこからだす」という複雑な文へと学習を進めていきます。

- 図48と図49の教材では，子どもは，文を読んで，その文に対応した行動をします。行動をした後，子どもは，図50のように下の枠に文字チップを並べて同じ文を作ります。そして，構成した文を読みます。

- 次に，係わり手の行動を見て，単語入れ枠に文を構成します。

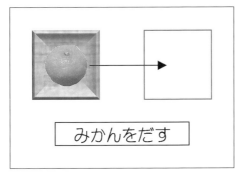

図48

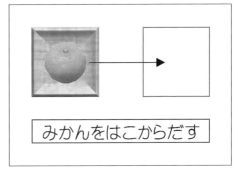

図49

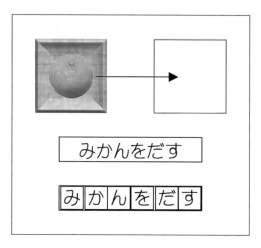

図50

第6章

数の学習

第 6 章　数の学習

　数の基礎学習は，マス目の位置関係を理解するなどの位置学習やピースを組み合わせて形を構成する学習などを経て，大中小の型穴にピース型を入れる大小，多少など量の比較の学習やタイルを操作し 1〜10 までの数系列を作るなどの系列化の学習を経て，数の基礎学習へと進めます。

　ここで紹介する学習方法は，筆者がこれまでの臨床経験の中で，実際に行った方法であり，使用した教材です。紹介する支援・指導方法をそのまま行うのではなくて，目の前にいる子どもに合わせ，援用して支援・指導を行うことが必要です。

　課題 1 ：3 までの数の系列化の学習

　課題 2 ：数の系列化の学習（5 の系列）

　課題 3 ：数の系列化の学習（10 の系列）

　課題 4 ：属性の学習

　課題 5 ：5 の数の見本合わせの学習

　課題 6 ：10 の数の見本合わせの学習

　課題 7 ：数える学習

　課題 8 ：5 までの順序数と集合数の学習

　課題 9 ：10 までの順序数と集合数の学習

　課題10：5 の数の分解・合成の学習

　課題11：10 の数の分解・合成の学習

　課題12：5 の単位の学習

　課題13：10 の単位の学習

　課題14：一桁のたし算の学習

　課題15：一桁のひき算の学習

課題1

3までの数の系列化の学習

目 的
● 3までの系列をバラタイルで作ります。

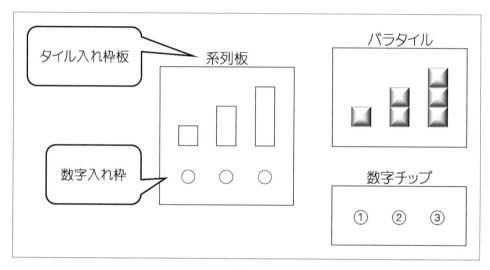

図51

教 材
● 図51は，バラタイルを使って，3までの数の系列を作る教材です。
● 始めは，図51の系列板のようにバラタイルが1枚ずつそれぞれの数の場所に入る教材を使用します。
● 図52は，3系列板で，どの枠でもバラタイルが3枚入る教材です。
● どちらの教材も子どもは，数字チップを順番に入れ，数字の数と同じ数のバラタイルを入れていきます。
● また，図51から図52にスムーズに移行できない子どもには，図53のように図52の教材を工夫することも必要です。

第6章　数の学習

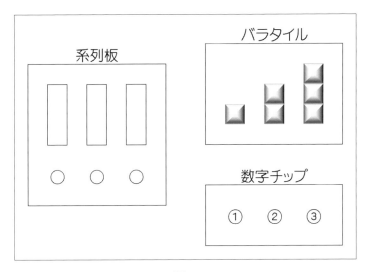

図52

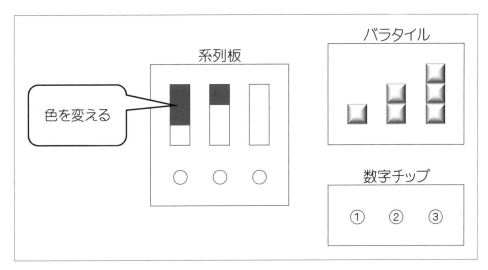

図53

支援方法と課題遂行時にみるべきところ

● 係わり手は，タイル入れ枠板（系列板），数字入れ枠板，バラタイルを提示し，子どもが数字の数と同じ数のバラタイルを数字入れ枠の上に入れていくように指導します。

● 係わり手は，子どもが，数字チップ，タイル入れ枠板，バラタイルを見比べて，タイルを入れているかどうかを観察します。

● 係わり手は，子どもがどういう順番で入れているかどうかを観察します。

97

課題2

数の系列化の学習（5の系列）

目 的
● 5までの系列をバラタイルで作ります。

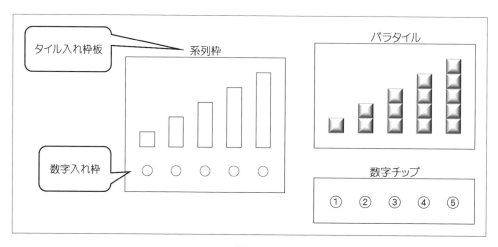

図54

教 材
●図54は，バラタイルを使って，5までの数の系列を作る教材です。
　始めは，図54の系列板のようにバラタイルが1つずつそれぞれの数の場所に入る教材を使用します。
●図55は，5系列板で，どの枠でもバラタイルが5枚入る教材です。
●どちらの教材も子どもは，数字板を順番に入れ，数字の数と同じ数のバラタイルを入れていきます。
●また，図54から図55にスムーズに移行できない子どもには，図56のように図55の教材を工夫することも必要です。

第6章　数の学習

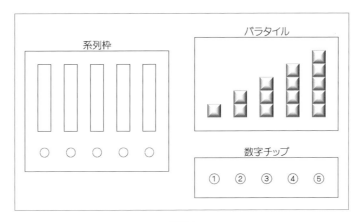

図55

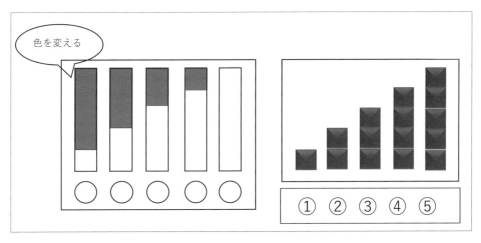

図56

支援方法と課題遂行時にみるべきところ

● 係わり手は，タイル入れ枠板（系列板），数字入れ枠板，バラタイルを提示し，子どもが数字の数と同じ数のバラタイルを数字入れ枠の上に入れていくように指導します。

● 係わり手は，子どもが，数字チップ，タイル入れ枠板，バラタイルを見比べて，タイルを入れているかどうかを観察します。

● 係わり手は，子どもがどういう順番で入れているかどうかを観察します。

● 5系列板でバラタイルを入れる学習をしていると，まず両端にバラタイルを入れ，次に真ん中に入れ，最後に2と4の枠にバラタイルを入れる子どもがいます。

● このような場合，子どもが，位置を基準にして系列を作っていると考えられるた

99

め，係わり手は，そのやり方を尊重しつつ，位置を基準にしてバラタイルを入れるように指導し，子どもが納得すれば，順番に入れるようになります。

●係わり手は，子どもが，順番に入れるように強制ではなく，どのように指導すれば順番に入れるようになるかを考えることが大切です。

第6章 数の学習

課題3

数の系列化の学習（10の系列）

目 的
●10までの系列をバラタイルで作ります。

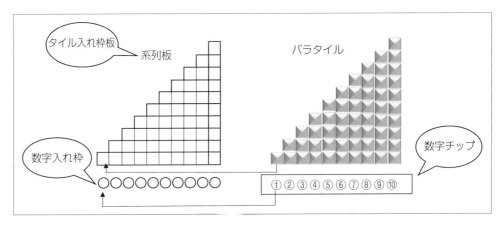

図57

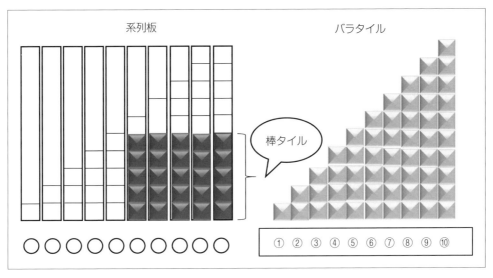

図58

101

教　材

●図57は，同色のバラタイルを使って，10までの数の系列を作る教材です。

●始めは，図57の系列板のようにバラタイルが1つずつそれぞれの数の場所に入る教材を使用します。

●図57は，1から10までの真ん中の数字が存在しませんので，位置を手がかりに数字チップの上にバラタイルを置いていくことはできません。

●図57の教材では，数字チップの上のバラタイルを数えながらバラタイルを入れていかなければなりません。そのため，数えることができない子どもには難しい課題となります。

●図58は，10系列板で，5単位にして「6は5と1」，「7は5と2」というように，色で5とその他の数字というように区別して系列を作っていく教材です。

●図58は，1から5がひとまとまりで，また6から10まではひとまとまりになっています。

●図58は，1から5までの数字で，「真ん中は3で端は1と5」，6から10までの数字で，「真ん中は8で端は6と10」というように位置を基準にして数字とタイルが決められます。

支援方法と課題遂行時にみるべきところ

●係わり手は，系列板と5の数の棒タイルとバラタイルを提示し，子どもが10までの系列を作るように指導します。

●係わり手は，子どもの状態に合わせて，5の数の棒タイルを順不同に手渡したり，系列板に並べたりして棒タイルを提示します。

●係わり手は，子どもに一枚ずつバラタイルを手渡したり，バラタイル全てを一度に手渡したりと，子どもの状態に合わせ，指導を工夫します。

●係わり手は，子どもが，数字チップ，タイル入れ枠板（系列板），バラタイルを見比べて，タイルを入れているかどうかを観察します。

●係わり手は，子どもがどういう順番で入れているかどうかを観察します。

●10系列板でバラタイルを入れる学習をしていると，まず両端にバラタイルを入れ，次に真ん中に入れ，最後に2と4の枠，7と9にバラタイルを入れる子どもがいます。

●このような場合，子どもが，位置を基準にして系列を作っていると考えられるため，係わり手は，そのやり方を尊重しつつ，位置を基準にしてバラタイルを入れ

第6章　数の学習

るように指導し，子どもが納得すれば，順番に入れるようになります。
●係わり手は，子どもが，順番に入れるように強制ではなく，どのように指導すれば順番に入れるようになるかを考えることが大切です。

課題4

属性の学習

目 的
- 見本のタイルを見て,「おなじ」,「おおい」,「すくない」という文字(単語)カードを,それぞれのバラタイルの下に置きます。

教 材
- 「多い─少ない」,「長い─短い」,「高い─低い」という概念は,相対概念です。基準に比べて長い,短いということになります。
- 基準が変われば,今まで長かったものが短くなります。
- そのため,基準と比べて長いか,短いかという理解が必要になります。
- 図59は,「多い」,「少ない」を学習するための教材です。
- 基準の見本と比べて,「おなじ」,「おおい」,「すくない」という文字(単語)カードを選び,タイルの下に文字カードを置きます。

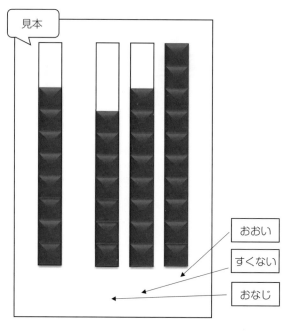

図59

第6章　数の学習

支援方法と課題遂行時にみるべきところ

● 係わり手は，子どもに見本のタイルと選択肢のタイル，文字カードを提示し，子どもが，文字カードを選択肢の下に置くように指導します。

● 係わり手は，「おおい―すくない」などの属性の学習の他にも，「ながい―みじかい」，「たかい―ひくい」などの属性も学べるように指導します。

●「おもい―かるい」の学びは，子どもが実際に手に持って体験することで，学ぶことができます。

●「おおい―すくない」，「ながい―みじかい」，「たかい―ひくい」という概念は，先に「おもい―かるい」概念を学ぶことで，効率が上がることがあります。

課題5

5の数の見本合わせの学習

目 的
●見本と同じバラタイルを5系列の系列板から選びます。

教 材
●図60は，同色のバラタイルから選ぶ教材です。
●数の見本合わせの学習は，たし算やひき算の基礎となる学びです。
●5系列の数の見本合わせの学習は，図60のように見本と同じ数のバラタイルを5つの選択肢から選ぶ学びです。

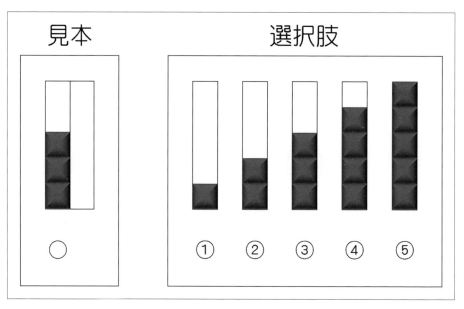

図60

第6章　数の学習

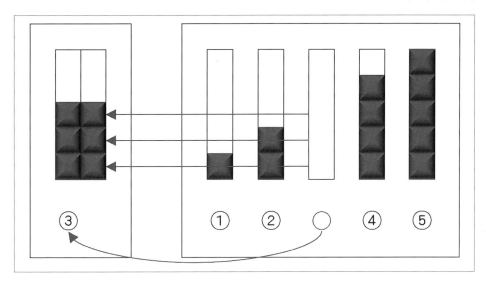

図61

支援方法と課題遂行時にみるべきところ

● 係わり手は，図60のように見本のタイルと選択肢のタイルを子どもに提示し，子どもが見本と同じ数のバラタイルを選ぶように指導（図61）します。

● 係わり手は，子どもが見本のタイルと選択肢のタイルを見比べているかどうかを観察します。

● 係わり手は，子どもが見比べることが難しいときは，図62のように，定規などをあてがって工夫することも考えなければいけません。

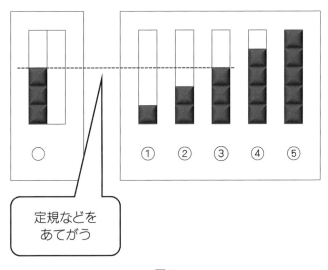

図62

課題6

10の数の見本合わせの学習

目 的
● 見本と同じバラタイルを10系列の系列板から選びます。

教 材
● 図63は，同色のバラタイルから選ぶ教材です。
● たとえば，「7，8，9」のタイルは，子どもが目で見てすぐにいくつのタイルかという判断は難しいと考えられるときがあります。
● そのため子どもは，見本のタイルの数を数え，選択肢のタイルから，それと同じ数のタイルを探すことになります。
● 係わり手は，子どもが図65のように定規などをあてがって見本のタイルと同じ数のタイルを示し，子どもが見本と同じタイルを選ぶように指導します。
● 図64は，1～5までと，6から10までの白タイルの部分は同じタイルの並びになっています。子どもが目で見て，タイルの量が一目で分かるようになっています。

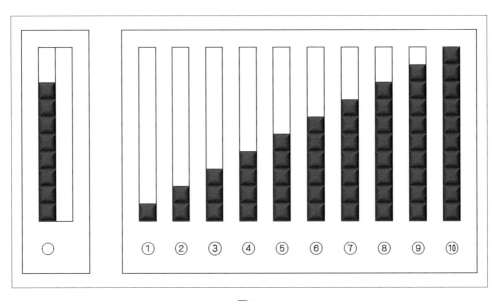

図63

第6章 数の学習

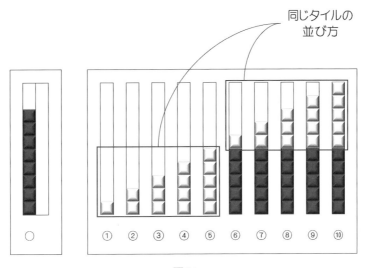

図64

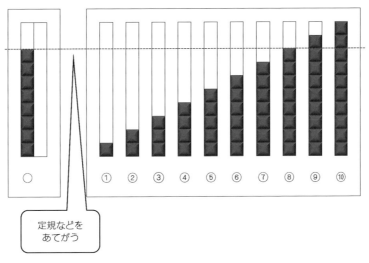

図65

支援方法と課題遂行時にみるべきところ

● 係わり手は，図63のように見本と選択肢を子どもに提示し，子どもが見本と同じ数のバラタイルを選ぶように指導します。

● 係わり手は，子どもが見本のタイルと選択肢のタイルを見比べているかどうかを観察します。

● 係わり手は，子どもが見比べることが難しいときは，図65のように定規などをあてがって工夫することを考えなくてはいけません。

109

課題7

数える学習

目 的
● 5までまたは10までの数を数えます。

教 材
● 数えるということは，物と数詞を「一対一」対応させることです。
● 子どもは，「1，2，3，4……」と数詞を唱えながら，木球やマグネットを1つずつ操作して，物と数詞との「一対一」対応を学んでいきます。
● 図66，67，68，69は，5または10まで，木球やマグネットを1つずつ操作しながら，数を数えていくことを学ぶ教材です。

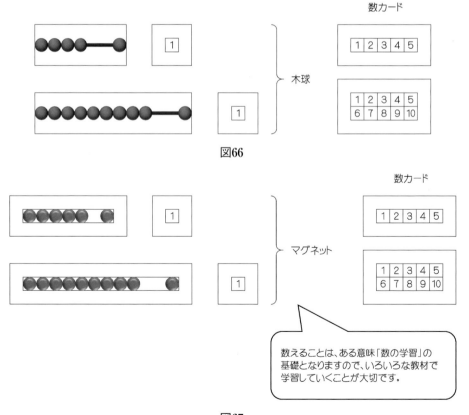

図66

図67

第6章 数の学習

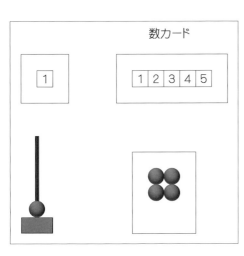

図68

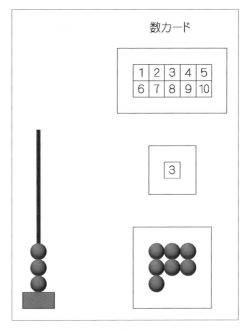

図69

支援方法と課題遂行時にみるべきところ

● 係わり手は，図66，図67の教材を子どもに提示して，子どもは木球またはマグネットを1つずつ移動させて，数を数えるように指導します。

● 係わり手は，図68，図69の教材を子どもに提示して，子どもが木球を1つずつ棒にさして数を数えるように指導します。

● 係わり手は，図66，67，68，69の教材を子どもに提示して，子どもが数カードの数だけ，木球やマグネットを移動させたり，木球を棒にさしたりするように指導します。

● 係わり手は，図66，67，68，69の教材を子どもに提示して，子どもが木球やマグネットを数え，木球やマグネットの数と同じ数カードを選ぶように指導します。

● 係わり手は，子どもが数を数えるときの数唱と手の動きが同じかどうか観察します。

課題 8

5までの順序数と集合数の学習

目　的
- バラタイルで集合数を作り，それを順序数の上に置いていきます。
- 木球で集合数を作り，それを順序数に対応する棒にさしていきます。

教　材

〈タイル教材〉
- 図70‐1，70‐2は，バラタイルをタイル入れ枠に入れ，1から5までタイルを並べ，それを数字の上に並べていくためのタイル教材です。

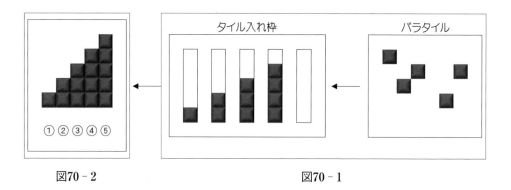

図70‐2　　　　　　　　　　　　　　図70‐1

〈木球教材〉
- 図71‐1は，子どもが容器に数字の数だけ木球を数え入れるための教材です。
- 図71‐2は，木球を棒に，数字に対応させて，木球をさしてから，5までの数の系列を作るための教材です。

第6章　数の学習

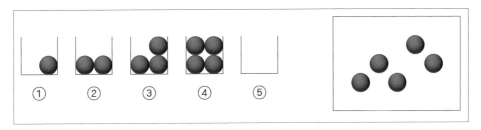

図71-1

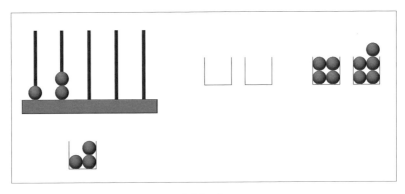

図71-2

支援方法と課題遂行時にみるべきところ

- 係わり手は，図70-1のように，子どもがタイル入れ枠に，1から5までバラタイルを入れ，集合数を作り，図70-2のように，そのタイル入れ枠に並べて，5の数の系列を作るように指導します。
- 係わり手は，図71-1のように，子どもがたくさんの木球の入った容器から木球をとって，1から5までの数の系列を作るように指導します。
- 係わり手は，図71-2のように，子どもが容器に1から5まで木球を入れ，集合数を作り，棒に木球をさし，5の数の系列を作るように指導します。
- 係わり手は，子どもが目で追って数を数えているか，指さしながら数を数えているかなどの行動を観察します。
- 係わり手は，子どもが数を数えるときは，一緒に数えるなど，工夫することも必要です。

課題9

10までの順序数と集合数の学習

目　的
●バラタイルで集合数を作り，それを順序数の上に置いていきます。
●木球で集合数を作り，それを順序数に対応する棒にさしていきます。

教　材

〈タイル教材〉

　図72－1は，バラタイルをタイル入れ枠に入れ，1から10までタイルを並べ，それを数字の上に並べていく（図72－2）ための教材です。

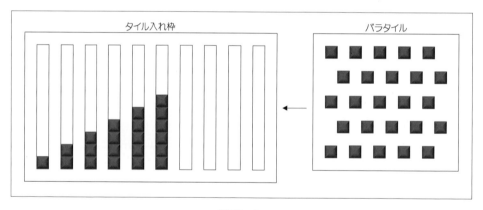

図72－1

第6章 数の学習

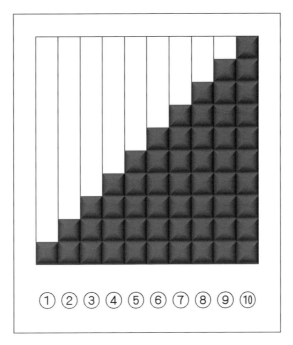

図72 - 2

●図73は，6から10までを，5のまとまりのタイルの上に並べて，タイルの集合数を作ります。

このような集合数作りを通して，子どもは，

6は5の集合と1
7は5の集合と2
8は5の集合と3
9は5の集合と4
10は5の集合と5

からできていることを学びます。

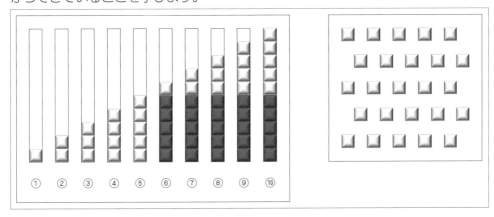

図73

〈木球教材〉
- 図74は，子どもが容器に数字の数だけ木球を数え，入れるための教材です。
- 図75は，木球を棒に，数字に対応させてさして，1から10までの数の系列を作るための教材です。

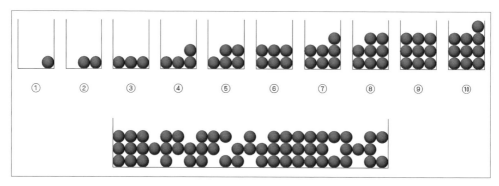

図74

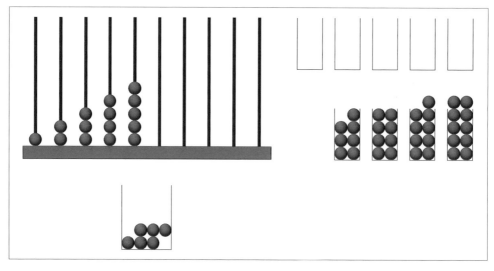

図75

支援方法と課題遂行時にみるべきところ

- 係わり手は，図72-1のように，子どもがタイル入れ枠に，1から10まで，バラタイルで集合数を作り，それを集合数と同じ数字の上の枠（図72-2）に並べていくように指導します。
- 係わり手は，図74のように，子どもがたくさんの木球の入った容器から木球をとって，1から10までの数の系列を作るように指導します。

第6章　数の学習

●係わり手は，図75のように，子どもに1から10までの数字の容器を1つずつ提示します。子どもが，その容器に，その数字と同じ数の木球を入れ，容器の数字と同じ棒の数字のところに木球をさしていくように指導します。
●係わり手は，子どもが目で追って数を数えているか，指さしながら数を数えているかなどの行動を観察します。
●係わり手は，子どもが数を数えるときは，一緒に数えるなど，工夫することも必要です。

課題10

5の数の分解・合成の学習

目　的
● 5の数を分解したり合成したりします。

教　材
● 図76は，数の分解を学習するための教材です。

● 図78は，数の合成を学ぶための教材です。

● 数を分解したり合成したりすることは，数の操作の基本です。

● 数の分解・合成の学習は，数式と結びつけて学習します。

〈数の分解〉

● 図77は， 5の数を3と2に分解した場面です。

● 図76は， 5は3と何からなっているかということを尋ねている場面です。

● この学習の特徴は，見本と同じ5枚のバラタイルを見本の下段に作り，そのバラタイルを2つに分解することです。このような操作を通して，子どもの理解を深めます。

● 子どもは， 5＝3＋□であれば，図77のように，下段のタイルを3枚左端に移動させます。このタイルを移動させるという操作を通して，子どもは5の数の分解を理解します。

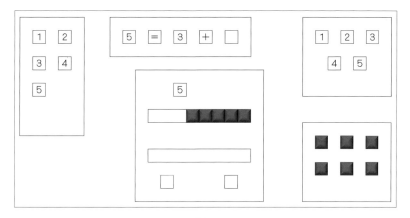

図76

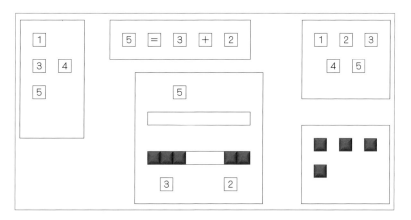

図77

〈数の合成-1〉

●図79は，3の数に2を加え5という合成した数を作った場面です。

●図78は，3に何を加えたら5になりますかということを尋ねている場面です。

●子どもは，5の系列板から見本のタイルと同じ長さになるタイルを選択し，被加数のタイルの上に重ねます。

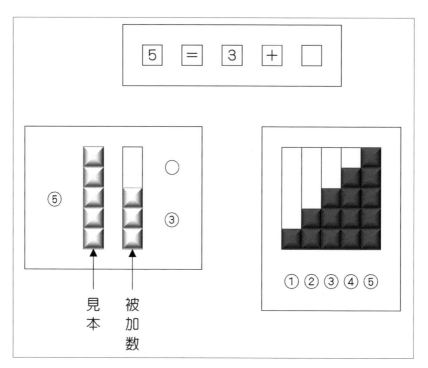

図78

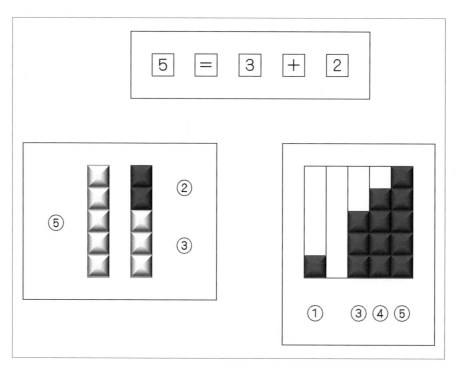

図79

〈数の合成-2〉

● 図80は，5＝3＋□という式を通して，数の合成を学ぶための教材です。
● 5枠の見本のタイルと同じ高さになるタイルを選択肢のタイルから選び，被加数のタイルの上に重ねます。
● 重ねたタイルが，5＝3＋□の答えになります（図81）。

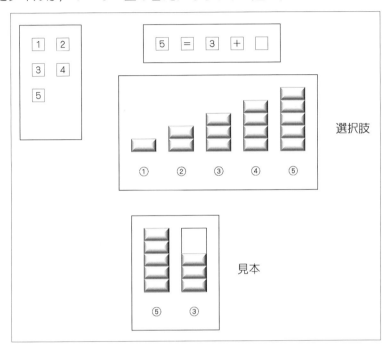

図80

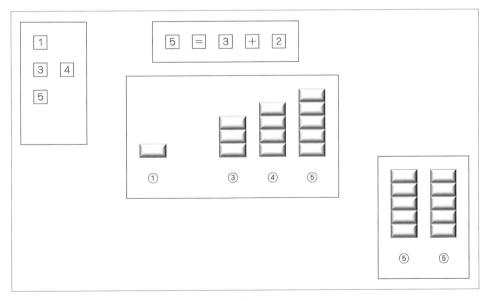

図81

支援方法

〈数の分解〉

●係わり手は，図76のように，教材を子どもに提示します。

●係わり手は，子どもに数式5＝3＋□を見せます。

●係わり手は，子どもに見本のタイルの下に，それと同じ5枚のタイルを右にそろえて作るように指導します。

●次に係わり手は，子どもが作った5タイルを分解するように指導します。

●その操作は，タイルを1枚ずつ数えながら3枚動かすように指導します（図77）。

●係わり手は，子どもが動かしたタイルの下に数字カード3を選び，残りのタイルの下にも数字カード2を選び，置くように指導します。

●係わり手は，子どもが数字カードの中から2を選び，数式5＝3＋□の□の位置に置くように指導します。

〈数の合成-1〉

●係わり手は，子どもに図78のように，教材を提示します。

●係わり手は，子どもに5の系列板から見本のタイル5と同じ長さになる2のタイルを選び，3のタイルの上に置くように指導します。

●係わり手は，子どもに数字カード2を選び，タイルの横に置くように指導します（図79）。

●次に係わり手は，子どもに数字カードの中から2を選び，数式5＝3＋□の□の位置を置くように指導します。

〈数の合成-2〉

●係わり手は，子どもに図80のように，教材を提示します。

●係わり手は，子どもに見本のタイルの数字を見せ，それと同じ高さになるタイルを選択させ，横のタイルに重ねるように指導します。

●そのタイルの数字が，答えになりますので，数字カードを数式の□の位置にもっていき置くように指導します（図81）。

課題遂行時にみるべきところ

● 係わり手は，子どもが数の分解の学習時，タイルを1枚ずつ動かして分解していく動作ができているかどうかを観察します。

● 係わり手は，子どもが数の合成の学習時，見本と同じ長さや高さになるタイルを選ぶことができているかどうかを観察します。

課題11

10の数の分解・合成の学習

目　的
● 10の数を分解したり合成したりします。

教　材
〈数の分解〉
● 図82は，10の数の分解のための教材です。
● 図83は，10の数を分解した場面です。
● 図84は，5枚ずつ色違いのタイルを使用しているので，目で見て理解しやすい教材になっています。
● そのために図84の教材で，まず数の分解の学習をし，その後，図83の教材で学ぶ方がよい子どももいます。

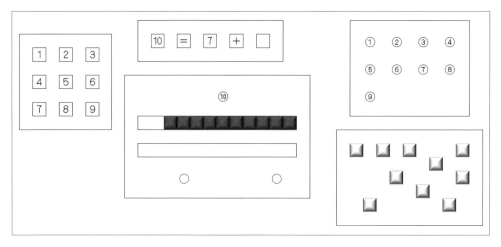

図82

第 6 章 数の学習

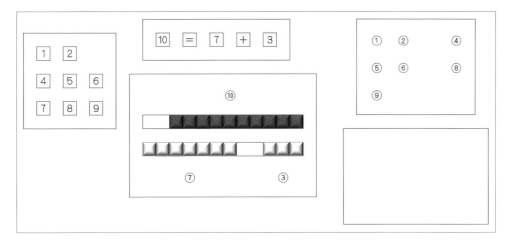

図83

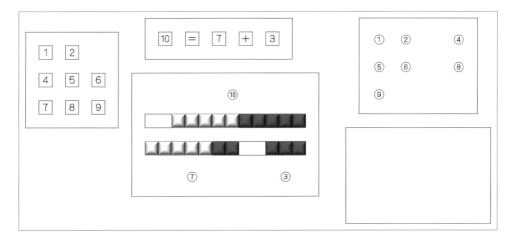

図84

〈数の合成―1〉

●図85は，10の数の合成のための教材です。

●図86と図87は，10の数を合成した場面です。

●図87は，選択肢の中の6から10までは，5のかたまりのタイルがまとまって見え，目で見て，とらえやすくなっていますので，まず先に図87の教材で学び，次に図86の教材で学ぶ方がよい子どももいます。

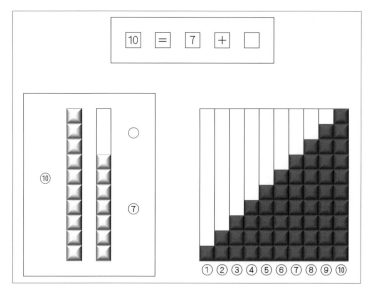

図85

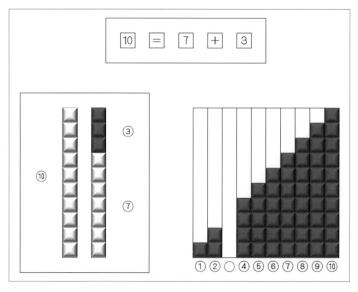

図86

第 6 章　数の学習

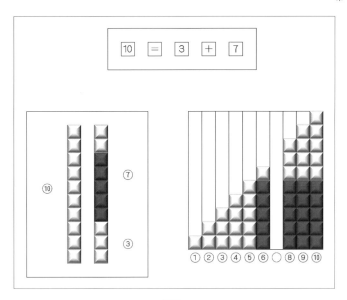

図87

〈数の合成―2〉

●図88は，10＝3＋□という式を通して，数の合成を学ぶための教材です。
●子どもは，10という見本のタイルを見て，それと同じ高さになるタイルを選択肢のタイルから選び横に置きます（図89）。
●そのタイルの数字が，答えの数字になります（図89）。

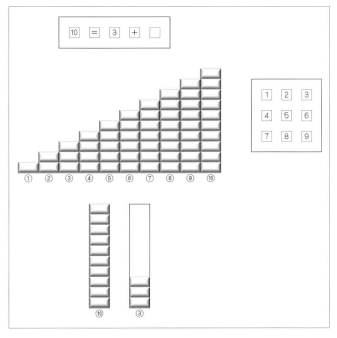

図88

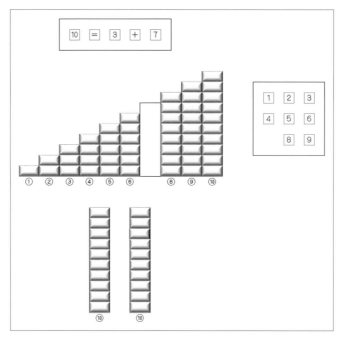

図89

支 援 方 法
〈数の分解〉
- 係わり手は，子どもに図82のように，教材を提示します。
- 係わり手は，子どもに数式 10＝7＋□を見せます。
- 係わり手は，子どもに見本のタイルの下に，それと同じ10枚のタイルを右にそろえて作るように指導します。
- 次に係わり手は，子どもが作った10タイルを分解するように指導します。
- その操作は，タイルを1枚ずつ数えながら7枚動かすように指導します。
- 係わり手は，子どもが動かしたタイルの下に数字カード7を選び，残りのタイルの下にも数字カード3を選び，置くように指導します。
- 係わり手は，子どもが数字カードの中から3を選び，数式 10＝7＋□の□の位置に置くように指導します。

〈数の合成―1〉

●係わり手は，子どもに図85のように，教材を提示します。

●係わり手は，子どもに10の系列板から見本のタイル10と同じ長さになる7のタイルを選び，7のタイルの上に置くように指導します。

●係わり手は，子どもに数字カード3を選び，タイルの横に置くように指導します。

●次に係わり手は，子どもに数字カードの中から3を選び，数式 10＝7＋□の□の位置に置くように指導します。

〈数の合成―2〉

●係わり手は，子どもに図88のように，教材を提示します。

●係わり手は，子どもに見本のタイルの数字を見せ，それと同じ高さになるタイルを選択させ，横のタイルに重ねるように指導します。

●そのタイルの数字が，答えになりますので，数字カードを数式の□の位置にもっていき置くように指導します。

課題遂行時にみるべきところ

●係わり手は，子どもが数の分解の学習時，タイルを1枚ずつ動かして分解していく動作ができているかどうかを観察します。

●係わり手は，子どもが数の合成の学習時，見本と同じ長さや高さになるタイルを選ぶことができているかどうかを観察します。

課題12

5の単位の学習

目 的
● 5の単位について学習します。

教 材
● 図91の5枠は，5枚のバラタイルが入る容器です。
● この5枠の容器を使って，5の単位について学びます。
● 図90は，10まで数の系列を作っています。
● 図92は，5枠の容器を使って，10までの数の系列を作っていきます。

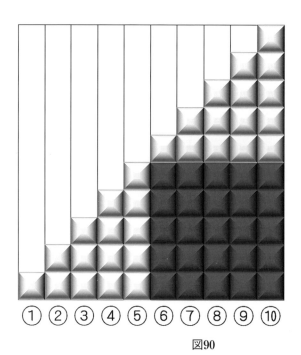

図90

第6章 数の学習

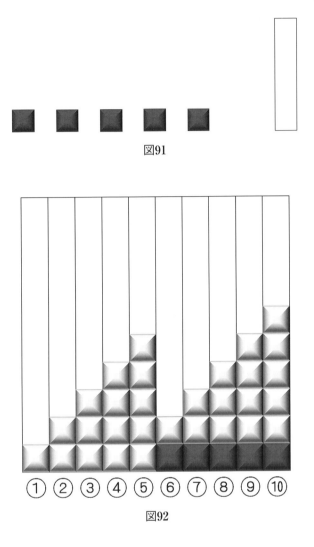

〈5の単位〉

●図91の5枠は，バラタイルを重ねて5枚入れることができるので，5の単位の学びには，重要な教材になります。

●5枠の容器が，5枚のバラタイルの単位になります。

●5の単位というのは，バラタイル5枚と容器の5枠が等価な関係にあるということです。

●子どもが，その等価な関係を理解するためには，容器5枠に5枚のバラタイルを入れたり出したりして，バラタイルを数えることが大切になります。

●5枠とバラタイル1枚を示し，いくつになりますかと，子どもに尋ねると，5枠を指さして5回数え，そしてバラタイル1枚を指して6と答えます。

131

- その子どもは，5枠とバラタイル5枚とが，等価な関係にあるということを理解していることになります。
- このようにある一定の量（たとえば10円玉5枚）を，他の物（50円玉1枚）に置き換えることを理解することが，単位を理解することになります。
- 単位についての学びが，たし算やひき算などの数の操作にとって欠かすことができないので，単位の学びは重要な学習になります。

支援方法と課題遂行時にみるべきところ

- 係わり手は，図90のように子どもに教材を提示し，この見本のタイルと同じものはどれですかと子どもに尋ね，子どもが6のタイルを選んだら，そのタイルと見本のタイルを交換し，5枠の容器にタイルを入れ，10までのタイルの系列を作るように指導します。
- 係わり手は，子どもがまず自分で10までのバラタイルの系列を作り（図90），次に5枠の容器に1枚ずつバラタイルを入れ，5のまとまりを作り，10までのタイルの系列を作る（図92）ように指導します。
- バラタイル5枚と5枠の容器が，等価な関係にあるということを理解し，10までの数の系列を作っているかどうかを観察します。

第6章　数の学習

課題13

10の単位の学習

目　的
● 11から20までの数を構成し，10の単位について学びます。

支援方法と課題遂行時にみるべきところ
● 10の単位についての学びは，数を11から20まで構成する中で学んでいきます。
● 色の違う3種類のタイルを使用して10のかたまりを作り，その上にタイルを並べて20までの数を構成します（図93）。
● 10のかたまりは，容器で10枚のバラタイルが入る10枠の中にバラタイルを入れ作ります。
● 次に5枠の中にバラタイルを入れ5のかたまりを作り，10のかたまりと5のかたまりで，11から20までの数をバラタイルで作ります（図94）。
● 係わり手は，色の違う3種類のタイルと数系列構成板を子どもに提示し，子どもが10のかたまりを10枠の中に入れ，11から20までの数を構成するように指導します。
● 係わり手は，子どもが数を数えながら10のかたまりを作り，11から20までの数を構成しているかどうかを観察します。

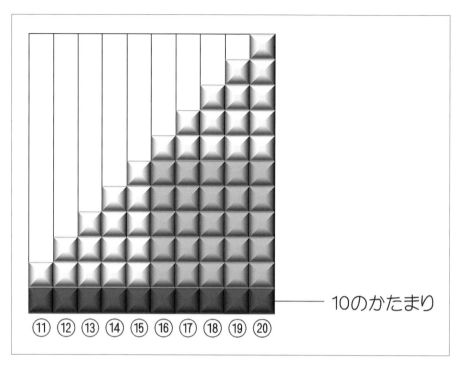

図93

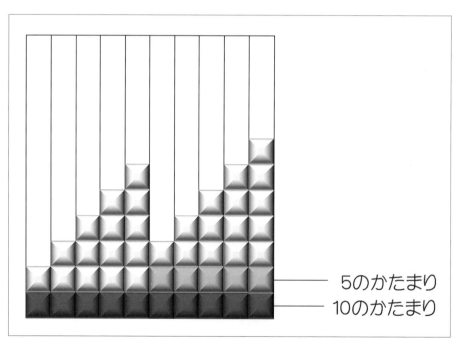

図94

第6章　数の学習

課題14

一桁のたし算の学習

目　的
●被加数5までで加数5までのたし算をします。

教　材
●たし算の学習では，
・何と何をたしたかが残っていて，いつでもたす前の状況に戻れること
・たしたものが，何と同じかという同じものをみつけるための選択項が残っていること

が必要です。
●図95は，被加数のバラタイルと加数のバラタイルが準備されている教材です。
●3＋2＝□という数式と1から10までの数字カードも準備されています。
●子どもは，数式を見て加数2のバラタイルを被加数3のバラタイルの上に重ねていきます。
●そのバラタイルを重ねたものとどのタイルが同じかを探します。5のバラタイルが同じ高さなので，答えは5になります。
●子どもは，5の数字カードを数式の答えのところに置きます（図96）。
●重ねたバラタイルと答えのタイルを比べるのは難しいので，図96のように定規などをあてがって使用します。

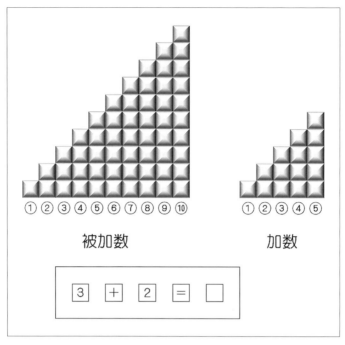

図95

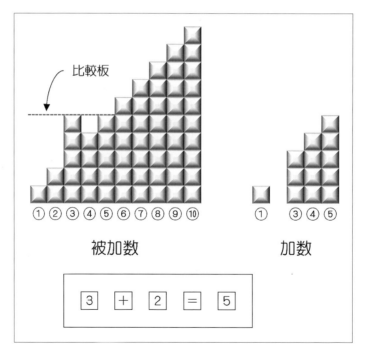

図96

第6章　数の学習

- 図97は，3＋4＝□の計算を行うための教材です。
- 上のタイル板が被加数で，下のタイルが加数になります。
- 被加数のタイルの下に加数のタイルを持っていき，加数のタイルの数だけタイルを上にあげていきます。
- 3のタイルと4のタイルを合わせたものとどのタイルが同じかを探し，同じタイルが答えになります。
- 子どもが上手に同じタイルを探せないときは，定規などをあてがって，どのタイルと同じか，同じタイルを探します（図98）。
- この学習では，タイルを見れば，何と何をたしたかが一目で分かります。また，タイルを下げればたす前の状況に戻すことができます。
- この学習のやり方では，タイルを積み重ねたり，合わせて押し上げたりすることが「たす」を意味します。
- この学習のやり方では，＝の意味は，同じ，または釣り合っているという意味であることを示しています。

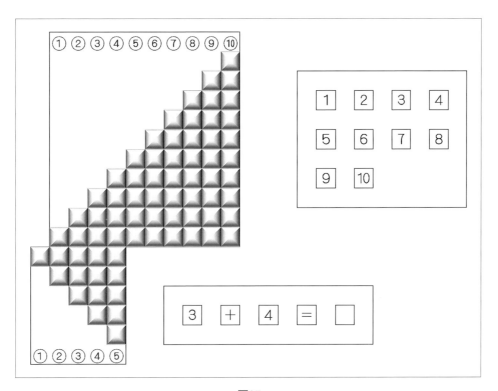

図97

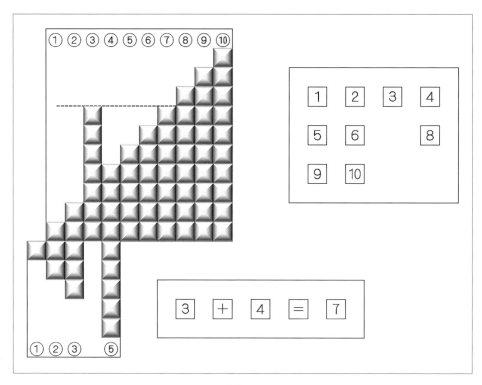

図98

支援方法

〈重ねタイルでの学習〉

●係わり手は，子どもに，図95のように計算式と被加数と加数のタイルを提示し，子どもが被加数のタイルの上に加数のタイルを持っていくように指導します。

●子どもが加数のタイルを被加数のタイルの上に持っていった後に，係わり手は，定規などを積み重ねたタイルの上に持っていき，それと同じ高さのタイルを探します。

●係わり手は，子どもがそれを見て，答えの数字カードを選び，数式の答えの位置に，そのカードを置くようにします。

〈バラタイルでの学習〉

●係わり手は，97のように計算式と被加数と加数のタイルを提示し，子どもが被加数に加数のタイルを合わせ押し上げるように指導します。

●子どもがタイルを押し上げた後，それを見て答えの数字カードを選び，数式の答えの位置に，そのカードを置くように指導します。

●子どもが，どのタイルと同じか分からないようなときは，定規などをあてがって，子どもが押し上げたタイルと同じタイルを探すように指導します。

課題遂行時にみるべきところ
●数式を見る，タイルを重ねる，定規などをあてがう，同じタイルを探す，答えの数字カードを選択するという一連の操作が行われているかどうかを観察します。

課題15

一桁のひき算の学習

目　的
● 減数10までのひき算をします。

教　材
● 図99は，一桁のひき算を学習するための教材です。
● 減数が5までのときは，タイルが5枚まで入る減数タイル入れ枠を使用します。
● 減数が6から9までのときは，タイルが10枚まで入る減数タイル入れ枠を使用します。
● 数式を見て，子どもは被減数のタイルの下に，減数タイル入れ枠を持っていき，減数タイルの数だけ下げます。
● 下げたとき，どのタイルと長さが同じになるかを探します。
● 同じ長さのタイルの数字カードが答えになります。
● 答えは4になります（図100）。
● 長さの比較が難しいときは，定規などをあてがって比較します。

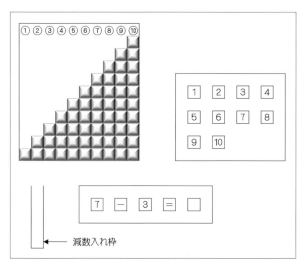

図99

第6章　数の学習

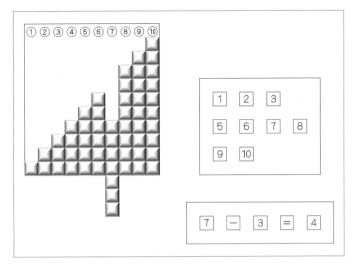

図100

支援方法と課題遂行時にみるべきところ

●係わり手は，子どもに，図99のように教材を提示し，子どもが減数入れ枠を使用してひき算をするように指導します。

　　・まず，減数が1から5までのひき算を行います。
　　・次に，減数が6から9までのひき算を行います。

●タイルの操作が，上手にできているかどうかを観察します。

●最初は，1から5までの減数のときは，5までの系列のタイルを使用して行います。

●それができるようになれば，10までのタイルの系列を使って，減数が1から9までのひき算を行います。

第 7 章

学習支援原則の抽出：実践事例

ここでは私（菅原）が，「学習障碍児に対する学習支援原則の抽出－カタカナ学習の実践記録の分析−」のタイトルで，仙台白百合女子大学人間発達研究センター紀要第8号に執筆した論文を実践事例として紹介します。

本論文は学習障碍児のカタカナ文字の獲得について，特殊音節を中心とした課題学習の実践を素材にして，学習支援原則の抽出を試みたものです。

実践をビデオ映像に記録し検討することで，対象事例としたAの姿勢や精神状態の変化，支援者の係わり方の変動等を総合的に考察し，教材と提示方法等の改善を図りました。

一方的・強制的な指導に偏しないよう正確な実態把握を行い，Aの実態に合った課題を設定し，教材と提示方法等の改善を繰り返した結果，「子ども─係わり手」の二者間に信頼関係が生まれ自発的行動が引き起こされました。Aは次第に誤魔化しや誤答への抵抗を示さなくなり，落ち着いて学習に取り組めるようになりました。

また，この実践を通して「カタカナ文字言語の理解」，「学習支援の在り方」，「課題学習の役割」についても考察を加えました。

ここからは，論文をそのまま掲載します。

1　問題と目的

カタカナ文字言語の形成

　子どもたちが文字を使うことは，日常生活の様々な場面で多くみられるが，文字を学習することは，生活のほんの一部でしかない。またそれぞれの文字を覚える過程と単語の形成は異なる作業であるため，文字を使いこなせないこともある[1]。特に，学習障碍などで学習面に困難のある子どもにとっては，文字の学習がうまくいかないことから使いこなすことができないことが考えられる。さらに，覚えられない文字がある状態のまま，平仮名，カタカナ，漢字と文字の種類が増えていき，学習が苦痛になることさえある。言葉でのコミュニケーションはうまくできるが，文字を読むことや書くことを苦手とする子どもに対する支援は，学校教育の中で充分に行われていないという現状もある。

　カタカナ文字言語を形成するためには，一文字ずつを理解するとともに組み合わせの使い方を覚えていく必要がある。その流れには，言葉を音に分解し文字記号と対応させることや文字配列に沿って目を動かし，文字記号から音を想起する作業がある。日本語は一文字が1つの音節を表すので表記しやすいという特徴をもっているが，中には音韻と文字の関係が明瞭でない「特殊音節」がある[2]。「特殊音節」とは拗音（キャ，キュ，キョ，に使われる「ャ，ュ，ョ」などのねじれる音）や促音（「ッ」などのつまる音）などで音節と文字の数が異なる。よって「特殊音節」を含んだ単語に関しては，音節分解・抽出は，さらに難しくなる。そのため，特定の音韻と文字配列の関係を新たに学習し，その関係を理解する必要がある。これらの理解が深まり操作に慣れてくると，言葉や単語を分解し，音と一つ一つ対応させなくても，文字配列全体から，その単語を一気にとらえられるようになると考えられる。

　支援の際には，子どもの「できない」部分に注目し，できないことを無理矢理できるようにさせるのではなく，子どもが得意とする分野や好きなことを学習につなげ，「やりたい」という主体性や「できた」という自信につながるような課題学習場面における課題設定が重要である。課題学習とは，指導者（教師など）が課題を設定し，教材・教具を介在させつつ子どもに課題の内容を理解させていくという学習形態である[3]。子どもと支援者との信頼関係も，支援の際の重要な要素であると考えられる。

この課題学習場面における「課題設定の重要性」と「信頼関係の重要性」を，菅原等（2004）[4]，菅原（2012）[5] は，知的障碍児の実践から，そして水口（1995）[6] は，重複障碍児の実践から明らかにしている。しかし，学習障碍児の実践からは明らかになっていない。

事例対象児の紹介

本事例対象児（A）は，200X 年 2 月生まれの学習障碍の 6 歳の男児である。A が 5 歳 4 ヶ月時に，医療機関より学習障碍の診断を受けた。筆者らとの係わり合いがもたれた期間の A の年齢は，5 歳 4 ヶ月〜6 歳10ヶ月で，筆者らが勤める大学の教育相談（基本は週 1 回）で係わり合いがもたれた。

A は，大変活発で明るい性格であった。しかし，行動が激しく，落ち着きがない様子がたびたびみられた。学習場面では，椅子に長い間座っていることが苦手で，椅子を廻したり，傾けたりすることがあった。手足をそわそわと動かし，机の上に足をのせることもあった。また，机の上にある様々な物などに注意がそれることもあり，これは視野に入った刺激へと引きずられて起こる動きのように思われた。このような行動から長時間集中することが苦手であり，学習のしにくさがあるように考えられた。

筆者らと A が係わり合いを始めた頃は，正確な実態把握ができず，プリントを作成し，何ヶ月も同じような課題を繰り返し与えていた。そのプリントの取り組みでは，A はわからないまま当てずっぽうで答えを書き，筆者らは正しい答えを書いて A に見てもらうという流れだった。筆者らは，その課題が A に適しているものであるか振り返ろうとせず，何度も繰り返すうちに理解できるようになるのではないかと考えていた。

また，書いた答えを見せることや読む声を聞かれることを嫌がる様子もみられた。また，カタカナで書くべきところがわからないと平仮名で書いたり，躓きながら読むことに A 自身が苛立ち，適当にそれらしい他の単語で置き換えて読んだり，面倒なところをとばしてしまうことがあった。このように，自分なりに身につけた方法でやり過ごす様子がみられた。さらに，A は，係わり合いの中で「僕はあほだもん。」と言うことがあり，自己肯定感は低いと推測できた。

問題の対処と対処の原則

筆者らは，A とのこれまでの課題学習の省察と実態の捉え直しから，絵本を利

用して簡単な文章の読みやカタカナの読み書きなどの学習を行うこととした。Ａは平仮名，カタカナ一文字ずつの読みは，ほぼ理解していたが，文字が組み合わさった単語になると正確かつ流暢に読むことが難しい状態であった。そのため，問題を解くときには，始めの文字が同じ単語に置き換えて読んだり，勘で答えを選んだり，苦手な部分をカットしてやり過ごすような場合があった。文字配列を見るときには，落ち着いて左から右へと流れるように見るのではなく，全体を見て目に入った文字に引きずられるように単語を予測するため，直観的に適当に答えを出してしまうようなこともあった。また，Ａは，カタカナ文字の中で，特に音韻と文字の関係が明瞭でない「特殊音節」を含む単語の理解に困難がみられた。たとえば，「ロボット」と「ロボツト」の違いがわからなかったり，「クッキー」と「クッキイ」の読みが同じであったり，「キャ」，「キュ」，「キョ」を含む単語の読み方がわからなかったりする状態であった。

　これらのことから，「特殊音節」の理解と，カタカナで書かれた単語を配列に沿って文字を認識し，音に変えることに問題の所在があると考えた。つまり，① 拗音（「ャ」，「ュ」，「ョ」）や促音（「ッ」），長音（「ー」）などの読みが困難である，② 単語を書くときに平仮名とカタカナが入り混ざる，③ 似た形の文字（マとヌなど）の区別が難しく読み間違えることがあるなどであった。

　筆者らはＡがどのような理由で文字を構成したのかなど，Ａの思考を自分に取り入れ，どのような方法で学習するとＡが理解しやすいのか考え，Ａの成功にも躓きにも共感し，ともに文字言語の形成に向けて学習していくこととした。

　さらに，課題学習を通して，Ａの学習に対する意欲や気持ちの変化にも注目した。学習での成功経験をより多く積むことで，自信をもつようになり，学習に対する意欲が向上していくことで，Ａ本人の自己評価がより良いものになり，文字の学習にとどまらず様々な場面で前向きに取り組めることが増えるのではないかと考えた。

　これらのことからＡとの課題学習を，単語の文字を分解したものを組み合わせて再び単語を作る学習を行うこととした。この学習では，Ａ自身が文字カードを分けたり，組み合わせたりする作業を行うことで，特殊音節を含む文字と音の関係をより理解しやすいのではないかと考えられた。

　また，長い時間集中して座って学習することが苦手であるＡにとって，カードなどの教材を用いて学習することは，操作する楽しみがあることや筆者らとのやりとりも紙面の課題より行いやすいということから自発性が高まるのではないかと考

えた。そこで，文字カードを使ったカタカナの組み合わせ課題と，合わせてプリントで紙面に書かれた文字を読むという学習を行うこととした。そして，この実践から「カタカナ文字言語の理解」，「学習支援の在り方」，「課題学習の役割」，「教材教具の工夫」について検討を加えることを目的とする。

2 研究の方法

　筆者らと対象児（A）との係わり合いの様子のビデオ映像記録をもとに，そのプロセスを記述するために，ビデオ分析を実施して課題学習場面を抽出し，カタカナ文字言語の形成に関する臨床的・実践的事例記録についての資料収集を行う。

　ここでの資料を「臨床的・実践的事例記録」と位置づけたのは，以下の理由による。

　① 対象としたAとの係わり合いが，筆者らによって直接行われ，そこで得られた資料であること（資料の臨床性・実践性）。②「筆者ら─A」という二者間の課題学習場面での係わり合いを考察の対象としているため，「個別的・実践的性格」をもっていること（資料の事例性）。③ 係わり合いの様子をビデオ映像に記録しておき，係わり合い直後の筆者らによる「筆記による状況の記録」と，その後の「ビデオ映像記録の視聴」の結果とのつき合わせをもとに，資料とする事柄を見極めることとしたこと（資料の記録性）[3]。ビデオ記録の利点は，実際の場面をリアルに再現しながら振り返ることができ，また記録として保存することができるため，ロングスパンでの見直しをすることができる。

3 結　果

結果1：200X年Y月Z日

課題　カタカナ文字チップの組み合わせ

方法　おぼんに絵カード（資料1）とその名称を一文字ずつにわけたカタカナの文字カード（資料2の1，2）をランダムに置く。絵をみて，その名称になるようにカタカナの文字カードを正しく並べ替える。

課程　① アイス（絵カード1），② レモン（絵カード2），③ スイカ（絵カード

３），④ ジャム（絵カード４），⑤ チーズ（絵カード５），⑥ リンゴ（絵カード６），⑦ サラダ（絵カード７），⑧ アスパラ（絵カード８），⑨ クッキー（絵カード９），⑩ コーラ（絵カード10）

結果と考察（表１）　問題③からＡが自ら絵カードを選ぶようにした。これはＡが自己選択，自己決定することで，課題に興味をもち積極的に取り組むことをねらったことであったが，成果は得られなかった。

　問題⑤，⑨，⑩にみられたように「ー」や「゜」「゛」のつく文字で混乱がみられたため，次回は「ー」や「゜」，「゛」のつく言葉を中心に取り組むこととした。

表１　課題と遂行時のＡの様子（１）

正解した課題	Ａの様子
②③④⑦⑧	②，③は，「こんなの簡単だよ。」と言い，問題をよく見なかったり，筆者らの説明をさえぎるしぐさがみられた。
不正解した課題	Ａの様子
①⑤⑥⑨⑩	⑤は，「デーズ」と並べて「もうひとつちょうだい（濁点のカード）。」と言った。問題⑨は，「クッキ」と並べて「ー」のカードを横によけて「クッキになるよ。」と言った。そこで筆者らが「ー」のカードが残っていることを伝えると，Ａは「なんだよ『イ』じゃないのかよ。」と言った。ここで「クッキー」と「クッキイ」の違いが理解できていないことがわかった。

結果２：200X年Y月Z+11日

課題　カタカナの組み合わせ

方法　前回と同様に絵カードに示されたものが分かるように，絵カードの下にカタカナの文字カードをランダムに並べる。絵をみて，その名称になるようにカタカナの文字カードを正しく並べ替える。

課程　① ジュース（絵カード11），② ポテトチップス（絵カード12），③ パイナップル（絵カード13），④ トマト（絵カード14），⑤ ビール（絵カード15），⑥ ケーキ（絵カード16），⑦ コーヒー（絵カード17），⑧ ホチキス（絵カード18），⑨ グレープフルーツ（絵カード19），⑩ アスパラ（絵カード８）

結果と考察（表２）　Ａは，なんとなく読めそうな感じで並べてみてから余ったカードを入れて，文字を組み立てていくというやり方をしていることがわかった。

　問題③，⑨のように文字の数が多くなるとわからなくなるようであった。

　次回は，カードを言葉に出して読んでもらい，その後にカードの並べ替えを行い，課題を遂行することとする。今回までに間違えたものを中心に行うこととした。

第7章　学習支援原則の抽出：実践事例

表2　課題と遂行時の A の様子（2）

正解した課題	A の様子
②④⑤⑥⑦⑧⑩	「こんなの簡単だよ。」と言い，問題をよく見て，集中していた。
不正解した課題	A の様子
①③⑨	①は，「ジース」と並べた。筆者らが「よくみてごらん。」と言うと，A は「この辺だ。」と言いながら「ュ」のカードを入れる場所を探したが，不正解であった。③は，「パイナフル」と並べて「ッ」と「°」のカードを横によけた。そして，「ひっかけだ。」と言ったが，「パイナフル」の「フ」と「ル」の間に空間を作っていたので，「ッ」を入れるか迷ったのではないかと考えられた。 ⑨では，「グーレプフルーツ」と並べた。筆者らは，伸ばす部分を強調して読み，確認のため「フルーツ」と「フールツ」の違いも説明した。

結果3：200X 年 Y + 1 月 Z + 5 日

課題　カタカナの組み合わせ

方法　前回と同様に絵カードに示されたものが分かるように，絵カードの下にカタカナの文字カードをランダムに並べる。絵をみて，その名称になるようにカタカナの文字カードを正しく並べ替える。

課程　① チーズ（絵カード5），② アイス（絵カード1），③ サンドイッチ（絵カード20），④ パイナップル（絵カード13），⑤ クッキー（絵カード9），⑥ ジュース（絵カード11），⑦ コーラ（絵カード10），⑧ グレープフルーツ（絵カード19），⑨ ビスケット（絵カード21）

結果と考察（表3）　問題⑥，⑧の「ジュ」や「グレー」のように，拗音や長音はやはり苦手としていることから，次回も繰り返しこのような課題を行うことで定着を図り，理解度を確認しながら取り組んでいくこととする。

対処の変更　この後，3 回ほど同じような状況で課題を遂行したが，拗音や長音の課題は同じような状況が続いた。

　筆者らは，失敗が続いたため，成功経験を積ませ，自信をもち，再び学習に対する意欲が向上することを目的に，状況を変えてみることとした。

　平仮名とカタカナを一致させる課題をおこない，カタカナの一つ一つを確認してみることとした。

表3　課題と遂行時の A の様子（3）

正解した課題	A の様子
②③④⑨	問題をよく見て，一度で正解した。
不正解した課題	A の様子
①⑤⑥⑦⑧⑩	⑥は，「『ジュ』がわかんねーんだよ。」と言いながら「ズシー」と並べた。筆者らは伸ばした後に「ス」で終わることに注目してもらうように強調して読みながら伝えた。

結果4：200X＋1年 Y＋2月 Z＋16日

課題　カタカナのマッチング（「ア」〜「テ」）

方法　見本合わせ状況を工作した。平仮名の文字カードを見本項として学習板におく。その下に選択項としてカタカナの文字カードを2つおき，見本項と同じ読みのカタカナを選ぶ。選択項2つのおきかたはランダムにする。平仮名の文字カードの裏にはカタカナが書いてあり，自分で正解を確かめることもできるようにしておく。

課程　① 見本：ア，選択：ア・ワ，② 見本：イ，選択：ノ・イ，③ 見本：ウ，選択：ラ・ウ，④ 見本：オ，選択：オ・ネ，⑤ 見本：カ，選択：ヤ・カ，⑥ 見本：エ，選択：エ・ョ，⑦ 見本：キ，選択：モ・キ，⑧ 見本：ク，選択：ク・ケ，⑨ 見本：タ，選択：メ・タ，⑩ 見本：ケ，選択：ヲ・ケ，⑪ 見本：コ，選択：ロ・コ，⑫ 見本：サ，選択：ク・サ，⑬ 見本：セ，選択：ヒ・セ，⑭ 見本：ソ，選択：ン・ソ，⑮ 見本：ツ，選択：ッ・ツ，⑯ 見本：ス，選択：ヌ・ス，⑰ 見本：シ，選択：ミ・シ，⑱ 見本：テ，選択：ヘ・テ，⑲ 見本：チ，選択：ハ・チ

結果と考察　⑪，⑯以外はすべて正解した。課題は，A にとって簡単であったかもしれないが，読みがわからない文字があったり，迷ったりすることもあり，まだ曖昧な文字があることがわかった。

　問題⑪の「ロ」と⑯の「ヌ」を読むことができなかった。

　簡単な課題であっても正解が続くという経験は，やはり嬉しいようで「簡単だ。」と言いながら，意欲的に取り組んでいた。

　次回は，今回同様，見本合わせ状況を工作し，「ト」から「ヨ」までを行うこととする。

結果5：200X＋1年 Y＋3月 Z—9日

課題　カタカナのマッチング（「ト」〜「ヨ」）

方法　前回同様，見本合わせ状況を工作した。平仮名の文字カードを見本項として

学習板におく。その下に選択項としてカタカナの文字カードを2つおき，見本項と同じ読みのカタカナを選ぶ。選択項2つのおきかたはランダムにする。平仮名の文字カードの裏にはカタカナが書いてあり，自分で正解を確かめることもできるようにしておく。

課程　① 見本：ト，選択：ト・イ，② 見本：ホ，選択：チ・ホ，③ 見本：ヘ，選択：サ・ヘ，④ 見本：ム，選択：ラ・ム，⑤ 見本：ハ，選択：ハ・ア，⑥ 見本：フ，選択：フ・ク，⑦ 見本：ヒ，選択：ウ・ヒ，⑧ 見本：ヌ，選択：ヌ・ス，⑨ 見本：ナ，選択：ナ・ケ，⑩ 見本：ネ，選択：オ・ネ，⑪ 見本：ノ，選択：タ・ノ，⑫ 見本：ニ，選択：エ・ニ，⑬ 見本：メ，選択：カ・メ，⑭ 見本：ュ，選択：コ・ュ，⑮ 見本：ョ，選択：ヲ・ョ，⑯ 見本：ミ，選択：ツ・ミ，⑰ 見本：ヤ，選択：セ・ヤ，⑱ 見本：モ，選択：キ・モ，⑩ 見本：マ，選択：ワ・マ

結果と考察　これまでの課題学習では，「ヤ」，「ユ」，「ヨ」を聞違えることが多かったが，今回の見本合せでは正しい方を選択することができた。

対処の変更　Aは，2つの中から正しいほうを問われる状況ではわかっていても，言葉や文章の中で出てきたものを問われると混乱してしまう。

　そこで，Aが興味のあるアンパンマンのキャラクターの絵と，そのキャラクターの名称が平仮名で書かれたカードを見本項として置き，選択項には，カタカナの文字カードをランダムに置く。見本のカードを見て，平仮名で書かれた名称を読み，カタカナの文字カードでその名称になるように並べ替える課題を行った。

　Aは，この課題を何回か繰り返すことで，ほぼ間違いなく区別をすることができるようになった。

　そこで，課題をもとに戻すこととした。

結果6：200X＋1年 Y＋3月 Z－9日

課題　キャ，キュ，キョ，チャ，チュ，チョの練習

方法　「キャ」，「キュ」，「キョ」，「チャ」，「チュ」，「チョ」のつく言葉の絵カードを用意して，「カタカナの組み合わせ」と同じ方法で学習する。「キャ」，「キュ」などの文字だけで覚えるのではなく，「キャベツのキャ」，「キュウリのキュ」というように言葉を使って，より覚えやすくしようと考えた。

課程　① キャベツ（絵カード23），② キュウリ（絵カード24），③ キョウリュウ（絵カード25），④ チャーハン（絵カード26），⑤ チューリップ（絵カード27），⑥ チョコレート（絵カード22）

結果と考察（表4）　課題③のとき，集中力がきれ，「もうやりたくない。」と言った。

　今回の様子をみて，出された文字カードに拗音が1つしかなければ，「ャ」,「ュ」,「ョ」が曖昧でも正しく並べられることが分かった。「ャ」,「ュ」,「ョ」の区別ができるようになるためには，その3つの中から選ぶという作業が必要ではないかと考えた。

表4　課題と遂行時のAの様子（4）

正解した課題	Aの様子
①②③④⑥⑦⑧⑨⑩	「こんなの簡単だよ。」と言いながら，一度で正解した。

不正解した課題	Aの様子
⑤	⑤では，文字カードの文字の部分を剥がそうとしたため筆者等が注意をした。そのことでさらに意欲をなくし，適当に「チュリップ」や「チュリップー」と並べた。また，椅子を激しく揺らし椅子から落ちることもあった。

　次回は，「ャ」,「ュ」,「ョ」の3つを選択項の中に入れ，並び替えて言葉をつくる際に選ばせるように，状況を工作することとした。

結果7：200X＋1年Y＋4月Z＋6日

課題　キャ，キュ，キョ，ジャ，ジュ，ジョの練習

方法　「キャ」,「キュ」,「キョ」,「ジャ」,「ジュ」,「ジョ」のつく言葉の絵カードを用意して，「カタカナの組み合わせ」と同じ方法で学習する。「キャ」,「キュ」などの文字だけで覚えるのではなく，「キャベツのキャ」,「キュウリのキュ」というように言葉を使って，より覚えやすくしようと考えた。

課程　① キャベツ（絵カード31），② キュウリ（絵カード24），③ ジュース（絵カード15），④ ジョウロ（絵カード28），⑤ ジャム（絵カード4）

結果と考察（表5）　Aと筆者らの会話の中でAから「キョウリュウのキョ。」という言葉が出てきていたので，この課題の効果があるのではないかと考えられた。

　次回もこの課題を繰り返していくこととした。

第7章　学習支援原則の抽出：実践事例

表5　課題と遂行時の A の様子（5）

正解した課題	A の様子
①②⑤	一度で正解した。②と⑤には「ャ」を，⑤には「ュ」と「ョ」のカードを入れた。 「ャ」の入った単語は，ほぼ確実になってきた。例えば，「キ」と「ャ」を合わせて「キャ」という音になるということを理解し，「キャ。」と正しく発音できるようになってきた。
不正解した課題	A の様子
③④	④には「ュ」のカードを入れた。 「ュ」と「ョ」の区別がはっきりせず迷っていた。

結果 8：200X＋1年 Y＋4月 Z＋13日

課題　チャ，チュ，チョ，ジャ，ジュ，ジョの練習

方法　「チャ」,「チュ」,「チョ」,「ジャ」,「ジュ」,「ジョ」のつく言葉の絵カードを用意して，「カタカナの組み合わせ」と同じ方法で学習する。「キャ」,「キュ」などの文字だけで覚えるのではなく，「キャベツのキャ」,「キュウリのキュ」というように言葉を使って，より覚えやすくしようと考えた。

課程　① チャーハン（絵カード26），② チューリップ（絵カード27），③ チョコレート（絵カード22），④ ジョウロ（絵カード28），⑤ ジュース（絵カード15），⑥ ジャム（絵カード4）

結果と考察（表6）　学習の様子から「ュ」,「ョ」は特に曖昧な為，当てずっぽうになり，定着しないと考えた。

　次回は，「ュ」と「ョ」,「キュ」と「キョ」の見本合わせ課題を行うこととした。

表6　課題と遂行時の A の様子（6）

正解した課題	A の様子
①②③④⑥	一度で正解した。全てに「ャ」,「ュ」,「ョ」,③に「イ」のカードを入れた。③は余分な文字を加えすぎて A が混乱したが，正解した。
不正解した課題	A の様子
⑤	全てに「ャ」,「ュ」,「ョ」,⑤に「ウ」のカードを入れた。⑤は余分な文字を加えすぎて A が混乱してしまった。

結果 9：200X＋1年 Y＋6月 Z＋11日

課題　「ュ」と「ョ」,「キュ」と「キョ」の見本合わせ

方法　見本合わせ状況を工作した。平仮名の文字カードを見本項として学習板にお

155

く。その下に選択項としてカタカナの文字カードを２つおき，見本項と同じ読みのカタカナを選ぶ。選択項２つのおきかたはランダムにする。平仮名の文字カードの裏にはカタカナが書いてあり，自分で正解を確かめることもできるようにしておく。

課程　① 選択項：ュ・ョ，見本項：ュ，② 選択項：ョ・ュ，見本項：ュ，③ 選択項：ョ・ュ，見本項：ョ，④ 選択項：ュ・ョ，見本項：ョ，⑤ 選択項：ュ・ョ，見本項：ュ，⑥ 選択項：ョ・ュ，見本項：ュ，⑦ 選択項：ョ・ュ，見本項：ョ，⑧ 選択項：ュ・ョ，見本項：ョ，⑨ 選択項：キュ・キョ，見本項：キュ，② 選択項：キョ・キュ，見本項：キュ，③ 選択項：キョ・キュ，見本項：キョ，④ 選択項：キュ・キョ，見本項：キョ，⑤ 選択項：キュ・キョ，見本項：キュ，⑥ 選択項：キョ・キュ，見本項：キュ，⑦ 選択項：キョ・キュ，見本項：キョ，⑧ 選択項：キュ・キョ，見本項：キョ

結果と考察　２つの中から選ぶことは簡単そうに取り組んでいたが，「ュ」や「ョ」を単独で提示すると，読みを間違えることが多く，理解できていないことがわかった。曖昧な理解のため，わかったりわからなかったりすると考えられた。

　「キュ」と「キョ」の選択においても，同様の結果となった。

　この後，「ュ」,「キュ」を含めて，３回ほど，同じ課題を繰り返した。

　ほぼ間違いなく課題を遂行することができるようになったので，「カタカナの組み合わせ」課題を行うこととした。

結果10：200X＋1 年 Y＋6 月 Z＋21日

課題　カタカナの組み合わせ

方法　再びカタカナの組み合わせに課題を戻した。

　絵カードに示されたものが分かるように，絵カードの下にカタカナの文字カードをランダムに並べる。絵をみて，その名称になるようにカタカナの文字カードを正しく並べ替える。

課程　① キンギョ（絵カード29），② チョーク（絵カード30），③ カボチャ（絵カード31），④ バッタ（絵カード32），⑤ チョキンバコ（絵カード33），⑥ ポカリスエット（絵カード34），⑦ ヒャクエン（絵カード35），⑧ キューリ（絵カード24），⑨ ジュース（絵カード11）

結果と考察（表7）　聞違えやすいところは自分で言葉に出しながら並べていて，慎重に並べるということができるようになってきた。並べ終わると次の準備ができるまで，輪ゴムで遊んだり，机の中の物を出したりして落ち着きはなかったが，

第7章　学習支援原則の抽出：実践事例

「できたよ。」と言葉をかけると，すぐに戻ってきて，取り組むことができた。集中力を長く続かせることが苦手なAに，待っているときも落ち着いていることを強制することはよい事とは考えられなかった。まず，課題に取り組むときに集中して慎重に取り組み，間違えを少なくすることが大切であると考えた。

表7　課題と遂行時のAの様子（7）

正解した課題	Aの様子
①②③④⑤⑥⑦⑧⑨	問題をよく見て，集中して，全て一度で正解した。
不正解した課題	Aの様子
なし	

結果11：200X＋1年 Y＋7月 Z＋5日

課題　カタカナのプリント（資料3）

方法　学習のまとめとして，プリントを使用し，学習を進めた。

　Aは，右手首を骨折していたため，左手で課題に取り組んだ。

課程

① キョウリ，キュウリ

　「キュウリ，キュウリ…。」と繰り返して言ったが，なかなか丸をつけようとしなかった。筆者らが「キュウリはどっちかな？」と聞くと，Aは「うんとねー，キュー，ユ，ユ…。」と言い，少し考えた。そして，「たぶんこっちだったっけ。」と言いながら「キュウリ」を選んだ。

② コーラ，コオラ

　「コオラ」と書かれている方を見て，「コオラ。」と読み，正しい方を選んだ。どこが間違っているのか，発音の違いは何か，正確に理解しているようだった。

③ キュウリョウ，キョウリュウ

　「キョウリュウ。」と言いながら正しい方を選んだ。「ュ」と「ョ」に注意して選んでいた。

④ チューリップ，チューリップ

　「チュー，チューリップ，わかった。」と言い，正しい方を選んだ。

結果と考察　今回のプリントでは「ュ」と「ョ」の確認を行った。やはり「ュ」と「ョ」は苦手のようで，時間がかかっていたが，「キュウリ。キュウリ。」と口ずさみながら探して，正しい方を選ぶことができた。「キュウリ。」と言ってから「ュ」

157

はどちらか探しているようで，瞬時に判断できる段階ではないが，これまで課題を
繰り返し行ってきた経験から，「ュ」と「ョ」の違いを理解し始めていると考えら
れた。「キョウリュウ」では，「ュ」と「ョ」の位置に注意して考える姿がみられ，
成果が現れていた。また，他の問題は迷うこともなく正しい答えを選ぶことができ
た。

　今回の課題では，全て正解することができた。

　ここで，カタカナの理解がほぼできたものとみなし，学習を終了することとした。

4　総 合 考 察

カタカナ文字言語の理解

　今回の学習の大きな課題の1つであった「特殊音節」の理解について成果がみら
れた。促音（「ッ」などのつまる音）や長音（「ー」）の使い方は文字の組み合わせ
課題を繰り返す中で，ほぼ理解することができた。拗音（キャ，キュ，キョ，に使
われる「ャ，ュ，ョ」などのねじれる音）の理解には時間がかかり，新たに別の課
題を用意して取り組んだ。Aは「キョ」をとても難しい発音と考えていて，「キ
ョ」を「ギョギー。」と文字に表すことが難しいような音で搾り出すように読んだ
ことがあった。しかし，この課題では，たとえば「キ」と「ョ」のカードを並べて，
この2つの文字で「キョ。」という音になるということを理解していくことができ
た。「ュ」と「ョ」が入る拗音については，並行して「ュ」と「ョ」の判別の課題
も行って，理解することができるようになった。この特殊音節についても一文字ず
つのカードを組み合わせていくことで理解できた成果であると考えられる。文字カ
ードの操作は，並べながら考えることができ，間違えてもすぐに直すことができる。
間違えを指摘されることが多くなってしまいがちなAにとって，自分で訂正でき
ることで，意欲を保つこともできた。

　プリントの課題では，カタカナの単語を読んで正しく書かれているものとそうで
ないものを選ぶ問題を主に取り組んできた。この課題でも丁寧に読み比べるという
ことができるようになった。正解してたくさん丸をつけてもらうと「できた」とい
う結果が明確に示されることになり，Aは嬉しそうな様子だった。以上から，こ
の一連の課題を通して，Aの自己効力感が高まったと考えられる。支援者がAの
気持ちや実態に丁寧に寄り添い，課題を工夫したことにより，その効果が認められ

たと推察される。

今回の実践では，カタカナ文字言語を正しく読み，意味を捉え，特殊音節などの仕組みを理解する段階に終わった。書字は今後の課題となり，これまでの経過と合わせてカタカナ文字言語の形成と促進がなされていくことを期待したい。

学習障碍児に対する学習支援の在り方

学習障碍の子どもたちは，その多くが普通学級に在籍している。現状は様々であるが，態度の悪さや努力不足を指摘され，周りの子どもからも非難，叱責を受けやすくなることがある[7]。しかし，努力不足という考えは周囲の勝手な思い込みであることが多く，本人は，自分が他人と比べてうまくできないことが多いと感じ，また周りの評価も低いことを認識して大変つらい思いをしていることがある。

周りの子どもたちと同じようにうまくできない子どもがいた場合，「困った子ども」と考えられがちであるが，本当に困っているのは，その子どもたちである。そして，「問題のある子ども」とも言われたりするが，子どもが困っていることを理解できずにいる大人にこそ問題があると考えられる。

筆者らはこれらのことから，子どもの躓きや問題とされる行動の原因を正しく理解し，支援していけるような係わり合いが大切であると考える。そのために，学習面の支援としては，個別学習も必要になる。個別学習では，その子どもに寄り添い，課題に取り組む様子などから躓きの原因を探り，新たな課題の内容や提示方法に工夫をしていく事が大切である。しかし，子どもの発達的視点を捉えようとするとき，発達検査や知能検査を重視する場合もある。これらの検査からの情報では，健常な子どもたちが示す行動からみたズレ（遅れ）としてのおおよその目安が得られるのであって，発達支援の指針としての具体性はあまり与えてくれない[8]。それぞれの子どもの実態を係わり合いの中から把握していくことが最も重要であると考える。

本実践で，カタカナ文字言語を形成するために，文字カードを使った単語の組み合わせ課題は効果的であった。特に単語を一目見ただけで瞬時に文字を音に変えて意味を捉えることができない子どもたちにとっては，理解しやすい教材であると考えられた。それは，文字カードを組み合わせて単語をつくることで，文字の配列にそって一文字ずつを意識して読めるようになったり，意味を捉えやすくなったりするということがわかったからである。

Ａは筆者らとの学習を始めた頃，文字カードを探して並べる作業のときに，頭の中で音から正しい文字がスムーズに出てこないような様子がみられた。そのこと

により，それらしい形の文字を選んだり，わかる文字から並べて残ったものを当てはめるようなやり方をしたりすることがあった。その後，文字の組み合わせ課題を繰り返す中で，落ち着いて左から右に視線を動かして文字と音を1つずつ把握することができるようになっていった。自分で言葉に出して読んで確かめながら取り組む様子もみられるようになった。それまで単語を読むときには，あまり時間をかけず，やり過ごそうとする様子がみられていたAにとって，1つの問題に時間をかけて丁寧に読んだり，考えたりできるようになったことは大きな成果であったと考えられる。依然として様々な物に注意が向いてしまい落ち着きがなくなることはみられるが，苦手だからといって初めから飛ばし読みをしたり，別の単語を当てずっぽうで言ってみたりすることは減った。

　学習障碍の子どもの支援は，個別学習を通して成功体験を増やし，学習に対する意欲だけでなく，ある種の集団の中での自己評価を高められるような支援が大切になると考える。周りの子どもたちの理解の促進もあわせて考慮する必要があるが，「困っている子ども」を1人で困ったままにさせておかないということを忘れてはならない。

学習障碍に対する課題学習の役割

　課題学習の基本は，課題の設定である。課題を設定する時は，まず子どもの実態を把握することから始めなければならない。筆者らはAが正解を出すことができた時は理解していると考えていたが，成果ばかりに注目して，Aが課題に取り組んでいる中でみせる戸惑いや躓きを見落としていたことがあった。正解を出すことができても本当の意味で理解はできていないため，曖昧なまま取り組んでいたということは，後になってわかったことである。子どもは提案された課題に対してどのように応じるか，取り組むときの表情はどうか，体が動いて集中できていない様子はないか，など様々なことに目を向け，子どもに適した課題を見つけていく必要がある。筆者らは，もし，子どもが課題に失敗した場合は，課題が適切でなかったのだから，送り手の教師は，速やかに教える側から学ぶ側にまわる。そして，なぜ失敗したのかを，提示の仕方，ガイドの仕方なども含めて総合的に検討し，新たな課題として提示する。そして，その課題が解決できたら，送り手の教師は子どもと共に成功の喜びを分かち合うという考えのもと実践を行った。

　課題学習場面は，子どもの実態を知る場であり，子どもの示した行動が次の課題を設定する手がかりを与えてくれる。そして，お互いを理解しあうコミュニケーシ

ョンの機会でもある。

　また，課題学習で使用する教材・教具について，筆者らは初めの頃，プリントの課題のみを提示していた。しかし，筆者らが，Ａの様子にしっかりと目を向け，文字カードや絵カードなどの教材を使う学習を行うようになってから，Ａはプリントの課題では受身であったが，カードなどの教材を使うようになってから，操作することやカードを選んで次の問題を自分で決められることで，意欲的に取り組むような姿がみられるようになった。その後，カードの教材の中でもＡが集中して取り組みやすいものとそうでないものがあるとわかり，工夫や改良をしながら実践を進めてきた。使用する教材・教具は課題と表裏の関係にあるものであるが，子どもの自発的行動を引き起こすのに適した教材・教具の工夫が一番大切である[3]。

5　終わりに

　今回の実践は，カタカナ文字言語の形成および促進を目指して取り組んできた。Ａは，課題を繰り返す中で少しずつ考え方や視線の使い方などにも成長がみられた。依然として，様々なものに注意が向いたり，椅子を廻したり落ち着きがなくなることがあるが，課題がＡに合っていて，集中して取り組むことができているときは，姿勢が乱れていてもその姿勢のまま動かずにいることがわかった。たとえば，片足が椅子の上にあったとしても，その姿勢のまま動かずに真剣な表情で取り組むようになっていった。その姿を見て，姿勢が悪いと指摘するのではなく，少しくらい姿勢が乱れていても集中して課題に取り組むことができたことを評価する方が大切だと考えられる。

　また，筆者らはＡとの係わりの中で教える側であったが，ほぼ毎回Ａから様々なことを気付かされ，学ばされた。教える側として課題を提示したままで終わっていたものが，Ａが与えてくれた気付きを考察し，評価して次の課題に生かすことができるようになった。筆者らは，Ａから振り返りの大切さを教えてもらった。教える側が子どもに変化ばかりを求めるのではなく，教える側も変化しなければならない。子どもと係わり合うことは，係わり手自身が日々変化し，成長することに他ならないという姿勢を大切にしなければならないと考える。さらに，Ａは筆者らと学習を始めた頃には，書いた答えを見せることや読む声を聞かれることを嫌がる様子がみられた。しかし，係わり合うなかで，書いた答えを見せることを嫌がる

ことはなくなり，躓きながらでもはっきり声を出して読む事ができるようになった。また，わからないときにごまかそうとせず，気持ちを言葉にして筆者らに伝えてくれることも増えた。このような変化がみられたのは，Aと筆者らの間に信頼関係が生まれたからであると考えられる。信頼関係とは，長い間一緒に過ごしたからといってうまれるものではなく，相手を理解しようとすることが重要になる。梅津[9]は，「障碍というのは，ある生体の生命過程において，現におこっているとまどい，つまづき，とどこおりをさす。ふつう障碍者といわれる人々に現におこっている障碍状況，そしてその障碍状況に対面接触しているわれわれ自身に，それにどう対処したらよいか，とまどい，つまづき，とどこおりがおこっているとする。これも障碍状況である。このような相互障碍状況が仕事の出発点，すなわち目標の対象となる。」と述べている。このように，相手を理解できずに戸惑っている側も障碍状況にあるということである。係わり手が子どもの躓きと自分自身の躓きに気付き，子どもが課題を乗り越えたときに喜びを共感し，子どもが係わり手に対して心を開いても大丈夫だと感じられた瞬間，二者間の距離は縮まるのではないかと考える。

　今回の実践を通し，筆者らがこれまで書いてきたようなことを考え，学ぶことができたのは，Aの存在があったからである。互いの変化がさらに相手に影響を与え，わずかでも共に成長していくことができたのではないかと考えている。支援する側が，子どもと共に学び，成長していこうとする姿勢を有しているかどうかは，重要な視点であり，今後は，支援者の意識変容についても検討することで，より有効なプログラムが展開できるものと思われる。

　Aの今後の課題としては，カタカナの書字，漢字などが考えられている。Aが自発的に学習に取り組むことができ，成功体験を増やしていけるような取り組みが望まれる。今回は，個別学習の場合のみを検討したが，集団での学習の場面においても，自尊心を損なわず，自己効力感を高めることのできるような課題設定や支援方法を模索したい。また，学習面だけにとどまらず，Aの良い部分を伸ばしてあげられるような係わりがなされることを期待したい。

引用文献

1）　進一鷹『〈ことば・文字・数〉基礎学習の教材づくりと学習法』明治図書，2005年。

2）　小池敏英『LD児のためのひらがな・漢字支援——個別支援に生かす書字教材』あいり出版，2003年。

3）　菅原伸康ほか「知的障害幼児が二次元的空間内における方位概念を獲得する経過について——「見る」ことと「見分ける」ことに関する一考察」『福井大学教育地域科学部紀要』第Ⅳ部，教育科

学，第60号，2004年，12。

4）菅原伸康・氏家靖浩・松木健一「課題学習の意味と役割に関する一考察─見本合わせ状況における知的に重い障害のある幼児の形の学習から」『福井大学教育実践研究』第29号，2004年。

5）菅原伸康『障碍のある子どものための教育と保育②　写真でみる　障碍のある子どものための課題学習と教材教具』ミネルヴァ書房，2012年。

6）水口浚『障害児教育の基礎』ジエムコ出版，1995年。

7）筑波大学特別支援教育研究センター・安藤隆男『講座特別支援教育3　特別支援教育の指導法』教育出版，2006年。

8）宇佐川浩『障害児の発達支援と発達臨床─発達臨床心理学からみた子ども理解』社会福祉法人全国心身障害児福祉財団，2001年。

9）梅津八三「各種障害事例における自成信号系活動の促進と構成信号系活動の形成に関する研究─とくに盲ろう二重障害事例について」『教育心理学年報』第17集，1978年。

おわりに

　私が以前勤めていた支援学校のことを思い起こしてみると，子どもがどのような子どもであるかが分かる前から，目標や内容はもちろんのこと，学習する場所や時間，教材等々についても決めてしまい，子どもはそれらに合わせなければならない状況にあったように思うのです。

　子どもがせっかくもっている力も，それが生かされないどころか無視され，大人の求めるあるべき姿に少しでも早く到達するように強いていたようにも思うのです。そこには，子どもが，どのような生きがいや趣味，楽しみ，過去の経験など定量的に表現しにくいことのほうが，子どもの生活や学習を支援・指導していく上で，重要な情報である場合が少なくないのではないかと思うのです。つまり，私たちは，子どもの中にどのような世界があり，子どもにいかなる力があり，子どもが何を願い，求めているのかということについての認識が欠落しているのではないでしょうか。

　私たちは，目の前にいる固有名詞をもった一人一人の障碍のある子どものために，そしてその子どもがその子どもとして育ち，成長していけるように教育を行われなければなりません。子どもを目の前にしている教師であればこそ，一人一人の子どもの事実を大事にしてそこから教育の在り方を考えるようにしたいものです。

　また，私が特別支援学校で，十数年前に教えていた子どもたちが，この春，特別支援学校高等部を卒業しました。この子どもたちは，4月から作業所に行くため，学校教育が終了しました。文字だけでも読むことができれば，これからの社会生活を豊かに過ごすことができたのにという話を聞きます。

　可能性が少しでもあるのであれば，学校教育の間に文字の習得（ここでは，文字を形として理解することを含めます）を目指す支援・指導をすることが，子どもたちのその後の長い人生を支えることにつながるのではないでしょうか。

　学校生活のあるうちに，子どもたち一人一人が自分のもてる力を十分に発揮し，ごく自然に相互に係わり合い，その係わり合いの中に教師もいる授業を目指してほしいものです。

　本書を書くにあたり，イラストと図は関西学院大学菅原研究室の野村真珠さん，藤田紗弓さんが描いてくれました。他にも多くの貴重な示唆を与えてくれた菅原研

究室所属の学生のみなさんにも感謝します。

　最後に，最近の出版界の厳しい状況にもかかわらず快く本書の出版を引き受けて下さった株式会社ミネルヴァ書房にお礼申し上げます。

2018年4月1日

菅原　伸康

渡邉　照美

参考文献

宇佐川浩（2001）『障害児の発達支援と発達臨床——発達臨床心理学からみた子ども理解』社会福祉法人全国心身障害児福祉財団。

梅津八三（1978）「各種障害事例における自成信号系活動の促進と構成信号系活動の形成に関する研究——とくに盲ろう二重障害事例について」『教育心理学年報』，第17集。

進一鷹（2010）『知的障がい・自閉症・学習障がいの子どもへの学習支援』明治図書。

進一鷹（2013）『学習につまずきのある子どもの指導』星雲社。

菅原伸康（2012）『障碍のある子どものための教育と保育②写真でみる障碍のある子どものための課題学習と教材教具』ミネルヴァ書房。

菅原伸康（2012）『障碍のある子どものための教育と保育①エピソードでみる障碍の理解と支援』ミネルヴァ書房。

菅原伸康・氏家靖浩・松木健一（2004）「課題学習の意味と役割に関する一考察——見本合わせ状況における知的に重い障害のある幼児の形の学習から」福井大学教育実践研究第29号。

菅原伸康・渡邉照美（2015）『障碍のある子どものための教育と保育 ③ エピソードで学ぶ 障碍の重い子どもの理解と支援』ミネルヴァ書房。

菅原伸康ほか（2004）「知的障害幼児が二次元的空間内における方位概念を獲得する経過について——「見る」ことと「見分ける」ことに関する一考察」福井大学教育地域科学部紀要，第Ⅳ部，教育科学，第60号，12。

水口浚（1995）『障害児教育の基礎』ジエムコ出版。

資料1 〈絵カード〉

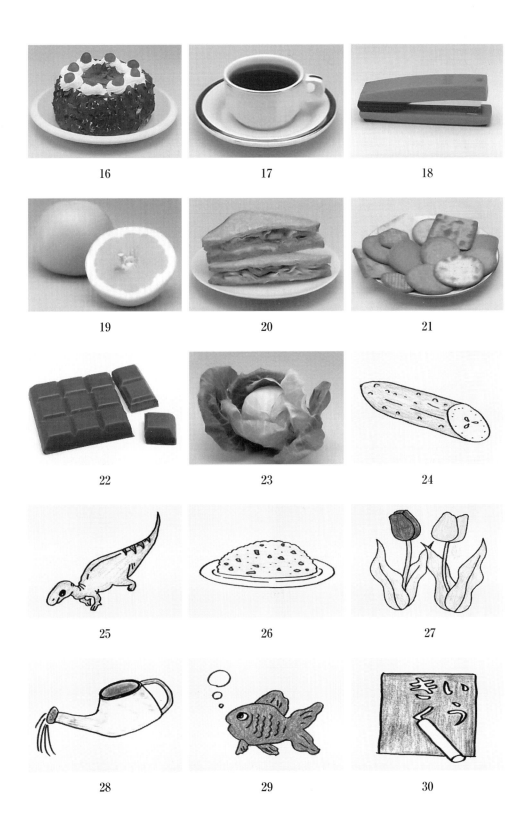

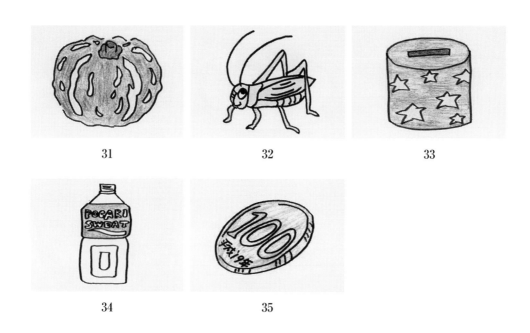

資料2 〈写真カード〉

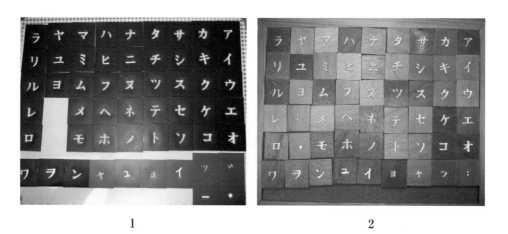

資料3 〈プリント〉

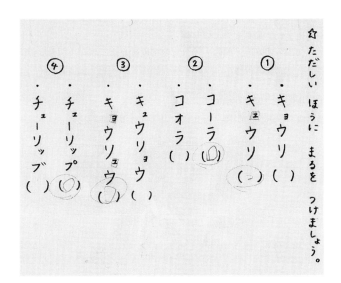

著者紹介

菅原伸康（すがわら・のぶやす）

1967年北海道網走市生まれ　福井大学大学院修了

国立久里浜養護学校文部科学教官，佛教大学教育学部教授を経て現在，関西学院大学教育学部教授

渡邉照美（わたなべ・てるみ）

1977年岡山県倉敷市生まれ　広島大学大学院教育学研究科修了（博士（教育学））

くらしき作陽大学講師，准教授を経て，現在佛教大学教育学部准教授

障碍のある子どものための教育と保育④

図で学ぶ 障碍のある子どものための「文字・数」学習

| 2018年4月20日 | 初版 | 第1刷発行 | （検印省略） |
| 2021年9月30日 | 初版 | 第2刷発行 | |

定価はカバーに
表示しています

著　者	菅　原　伸　康
	渡　邉　照　美
発 行 者	杉　田　啓　三
印 刷 者	江　戸　孝　典

発行所　株式会社　ミネルヴァ書房

607-8494 京都市山科区日ノ岡堤谷町1
電話代表 （075）581-5191
振替口座 01020-0-8076

© 菅原・渡邉, 2018　　　　　　　　　共同印刷工業・藤沢製本

ISBN978-4-623-08247-6

Printed in Japan

障碍のある子どものための教育と保育

① エピソードでみる 障碍の理解と支援

菅原伸康著　Ｂ５判　160頁　本体2400円

●障碍のある子どもとのの行動の意味の読み取りと解釈を，実際のエピソードの紹介をとおして，解説する。35のエピソードから，障害児との良好な係わりを築くためのポイントを理論や制度の説明も交えてやさしく解説する。

② 写真でみる 障碍のある子どものための課題学習と教材教具

菅原伸康著　Ｂ５判　152頁　本体2400円

●豊富な写真を交えて，課題学習や教材教具の意義，それを用いた教授の方法について解説。保育・教育の現場はもちろん，家庭のなかでも実践可能で具体的な取り組み例など紹介する。

③ エピソードで学ぶ 障碍の重い子どもの理解と支援

菅原伸康・渡邉照美編著　Ｂ５判　120頁　本体2400円

●重複障害児の特性，「自立活動指導」のポイントや教員の専門性など，障害の重い子どもの指導に当たる教員の「疑問に思うこと」「指導に悩むこと」を，エピソードを交えてわかりやすく解説。

⑤ 物語で読む 障碍のある子どもの家族のレジリエンス

渡邉照美・菅原伸康著　Ｂ５判　144頁　本体2400円

●障碍のある子どもの家族のレジリエンスとは何か──。母親，きょうだい，父親が語るエピソードを交えながら，障碍児者の家族とそうではない家族，育児，生活の共通点と差異に注目し，家族の心理に関する研究のレビューを行う。家族が直面する現実と課題，家族に本当に必要な支援について考える。

事例で学ぶ学校の安全と事故防止

添田久美子・石井拓児編著　Ｂ５判　156頁　本体2400円

●「事故は起こるもの」と考えるべき。授業中，登下校時，部活の最中，給食で…，児童・生徒が巻き込まれる事故が起こったとき，あなたは──。学校の内外での多様な事故について，何をどのように考えるのか，防止のためのポイントは何か，指導者が配慮すべき点は何か，を具体的にわかりやすく，裁判例も用いながら解説する。学校関係者必携の一冊。

──────── ミネルヴァ書房 ────────

https://www.minervashobo.co.jp/